소설로 보는

중국인의
사고방식

소설로 보는
중국인의
사고방식

나카노 미요코 지음
조관희 옮김

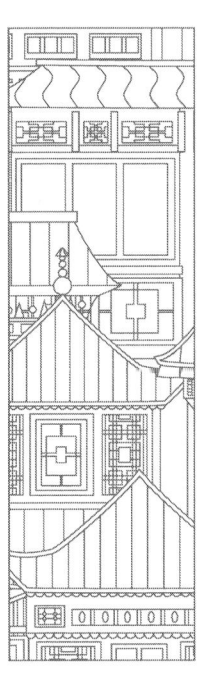

한국문화사

소설로 보는
중국인의 사고방식

1판 1쇄 발행 2024년 7월 15일

원　　제 | 小說の世界から中國人の思考樣式
지 은 이 | 나카노 미요코
옮 긴 이 | 조관희
펴 낸 이 | 김진수
펴 낸 곳 | 한국문화사
등　　록 | 제1994-9호
주　　소 | 서울시 성동구 아차산로49, 404호(성수동1가, 서울숲코오롱디지털타워3차)
전　　화 | 02-464-7708
팩　　스 | 02-499-0846
이 메 일 | hkm7708@daum.net
홈페이지 | http://hph.co.kr

ISBN 979-11-6919-225-5　93820

- 이 책의 내용은 저작권법에 따라 보호받고 있습니다.
- 잘못된 책은 구매처에서 바꾸어 드립니다.
- 책값은 뒤표지에 있습니다.

오류를 발견하셨다면 이메일이나 홈페이지를 통해 제보해주세요.
소중한 의견을 모아 더 좋은 책을 만들겠습니다.

옮긴이의 말

　이 책은 옮긴이가 기획한 일본의 중국소설 연구 소개서로는 세 번째에 해당하는 것이다. 이에 앞서 옮긴이는 일본의 중국학 연구 1세대를 대표하는 학자라 할 수 있는 시오노야 온鹽谷溫의 『중국소설개론』(학고방)을 번역 출간한 바 있고, 이어서 일본 도호쿠대학 중국 고대소설 연구가들의 집체 결과물인 『중국소설의 세계』를 번역한 바 있다. 이들 책에서 이미 밝힌 대로 일본의 중국 고대소설 연구에 대한 국내의 소개는 초보적인 단계에 머물러 있다. 이에 옮긴이는 개인적인 사명감을 갖고 중국 고대소설 분야에 관한 일본의 대표적인 연구서들을 선정해 우리말로 옮기는 작업을 진행하고 있다. 이 책은 그 연장선상에서 나온 세 번째 결과물인 것이다.
　이 책의 저자 나카노 미요코는 홋카이도대학 교수를 역임했으며, 다양한 방면의 저술을 쏟아낸 다작의 연구자이다. 그 가운데서도 이번에 우리말로 번역 소개하는 이 책은 중국의 대표적인 소설 작품을 통해 중국인들의 사고방식을 고찰한 흥미로운 저작이다. 목차에 나와 있는 대로 저자의 시점은 이야기의 구조에서 인간 인식의 방법, 비극과 희극, 허구와 현실, 작자와 독자 그리고 일본인과 중국인의 사고방식의 차이에 이르기까지 다양한 주제를 넘나들며 저자의 재기발랄한 발상을 펼쳐 보이고 있다.
　저자가 다루고 있는 주제들은 하나같이 소설 연구자들이 작품을 분석할 때나 이론을 정립할 때 부딪히는 가장 전형적인 문제들이라 할 수 있다. 이를테면 허구에 대한 논의는 사실상 소설 이론의 출발점이라 할 수 있는 바, 이야기 문학의 기본적인 뼈대를 이루는 허구 문제를 리얼리즘에서 논의하는 리얼리티로까지 논의를 발전시킨 것은 저자의 번득이는 재기가 돋보이는 대목이라 할 수 있다. 그 뿐 아니라 순문학과 대중소설의 구분과 양자가 갖고 있는 의의와 한계에 대한 논의 등은 해당 분야의 연구자들에게 시사하는 바가 크다고 할 수 있다.

아울러 저자의 글쓰기 방식 또한 지적하지 않을 수 없다. 사실상 이 책은 분량으로 볼 때 그리 많다고 할 수 없는데, 그 짧은 편폭에 다양한 주제들을 담아내 독자들은 굉장히 속도감 있게 읽어나갈 수 있다. 여기에 행간에 저자 고유의 독특한 문체가 녹아들어 있어 독서하는 내내 쉽게 책을 내려놓을 수 없게 만드는 어떤 매력마저도 느끼게 된다. 다만 저어되는 것은 옮긴이의 짧은 일본어 실력으로 이 책이 갖고 있는 본래의 면목이 독자들에게 제대로 전달될 수 있을까 하는 두려움이다. 다행인 것은 옮긴이 주변에 많은 조력자들이 있어 그들의 도움으로 번역하면서 부딪히는 난점들을 해결할 수 있었다는 점이다. 상명대 일본어지역학 전공의 양동국, 김유천, 이한정 교수와 한혜인 선생 등의 도움이 없었으면 옮긴이가 감히 이런 작업을 해낼 엄두를 내지 못했을 것이다. 이에 이 자리를 빌려 깊은 감사의 뜻을 전한다. 부디 이 일련의 작업들이 우리나라 중국 소설 연구에 작은 디딤돌이 될 수 있기 바란다.

옮긴이

알러두기

1. 이 책에 나오는 중국인들의 인명과 지명은 고대나 현대를 불문하고 모두 원음으로 표기하였다. 아울러 중국어의 한글 표기는 문화체육부 고시 제 1995-8호 '외래어 표기법'에 의거하되, 여기에 부가되어 있는 일부 표기 세칙은 적용하지 않았다. 대표적인 것이 경구개음 ji, qi, xi의 경우다. 이를테면, '浙江'과 '蔣介石'의 경우 '외래어 표기법'에 따르면 '저장', '장제스'로, 표기해야 하지만, 나는 이게 부당하다고 여겨 원음 그대로인 '저쟝'과 '쟝졔스'로 표기하였다.
2. [ ] 표시를 한 것은 독자들의 이해를 돕기 위해 옮긴이가 임의로 추가한 것이다.
3. 각주는 모두 [옮긴이 쥐]이다.
4. 원서와 중역본의 서지사항은 다음과 같다.

   中野美代子, 『中國人の思考樣式』, 講談社, 1974年.

   中野美代子(若竹 譯,), 『從小說看中國人的思考樣式』, 北京十月文藝出版社, 1989年.

차 례

옮긴이의 말   5

서: 하나의 시점 – 중국 근대소설이란 무엇인가?

민족의 사고양식과 소설   15
작자와 독자의 성립   17
중국에서의 근대소설   19
각기 다른 시대구분   20
문화개념으로서의 근대소설   22

제1장 이야기의 구조

1. 『경화연』과 『걸리버 여행기』―인식의 퍼스펙티브에 관하여   27
   중국인의 여행문학   27
   『경화연』과 『걸리버 여행기』   30
   따분한 이국 순례   32
   여행의 목적과 그 성과   35

2. 『서유기』와 피카레스크소설 서사시의 세계에 관하여   36
   변문이라는 설법 형식   36
   염주 식 에피소드   37
   피카레스크소설   38
   내륙형의 대 여행가들   40
   바다의 이미지   42

3. 『유림외사』와 교양소설—인식의 병렬성에 관하여   44
이야기의 최종 완결성   44
'연환체連環体' 구조의 『유림외사』   45
'견책소설'   46
중국적인 교양소설   47

4. 『얼해화孼海花』와 『자야子夜』—인식의 다양성에 대한 거부   49
아쿠다가와 · 다니자키芥川 · 谷崎 논쟁   49
사실史實의 부연   51
이야기 구조에 대한 자각   52
일대 로망 『얼해화』   53
마오둔의 『자야』의 구조   54
다면적 인식의 결함   56
정보의 일원화와 인식의 일원화   57

5. 단편소설과 장편소설 이야기의 길이에 관하여   58
길이의 차이와 방법의 차이   58
에피소드의 집적   59
상징으로서의 만리장성   61

제2장 인간 인식의 방법

1. 재자와 가인—행복에 관하여   63
초인에서 보통 사람으로   63
당대의 전기 소설   64
재자가인의 연애 이야기   67
원앙호접파   69
공산주의적 해피 엔드   70
새로운 선인善人의 상징   71

2. 선인과 악인―가치의 상대성에 대하여 72
　선인과 악인의 도식 72
　인민문학의 주제 74
　『어우양하이의 노래』의 개정 75
　공비共匪와 공산당 76

3. 시먼칭西門慶과 판진롄潘金蓮―욕망의 한계에 대하여 77
　인간의 욕망에 대한 흥미 77
　억압으로부터의 완전한 자유 78
　금서의 운명 79
　샤오샤오성笑笑生과 사드 80

4. 아녀와 영웅, 변신의 논리에 대하여 81
　인간 이외의 것으로부터 인간으로 81
　중국인의 목적적 성격 83
　악으로의 충동 84
　여자에서 숙녀로 85
　행복으로의 구심성 87

5. 현실 긍정과 이상에 대한 소망―삶의 일회성에 대하여 88
　인생의 두 갈래 길 88
　앰비밸런스의 자각 90
　『홍루몽』의 영향 91
　니힐리즘에 서투름 93

제3장 비극과 희극

1. 『홍루몽』과 그에 대한 평가―비극 정신의 결여에 대하여 95
　비극을 싫어하는 중국인 95
　소설의 교육적 효과 97

2. 『유림외사』와 그 평가—풍자 정신의 결여에 대하여   99
    한결같은 합리주의   99
    중국인의 웃음   101
    과거제도에 매달린 남자   102
    풍자인가, 가식적인 체제비판인가?   104
    풍자가의 가면   106

3. 『묘성기』와 그에 대한 평가—한 작가의 운명에 대하여   107
    라오서의 『묘성기』   107
    『경화연』은 뛰어난 풍자소설인가?   108
    중국 민중의 양면성   109
    현실로부터의 거리   110
    라오서 비판의 두 가지 오류   112

제4장 허구와 현실

1. 도원경과 유토피아—허구의 원리에 관하여   115
    촉감의 확실한 영역   115
    중국인의 이상세계   116
    빠져나오면 도원경   118
    어디에도 없는 곳(유토피아)   119
    이야기의 건축학   121
    이상 도시 아모로트 시   122
    애매한 경계선   124

2. 탐정소설과 등산—유희의 원리에 대하여   126
    유희의 본질   126
    탐정소설은 도둑질 교과서이다   127
    유희의 규범화   129
    탐정소설과 등산의 유사성   130

탐험에의 무관심	131
국위 선양을 위한 등산	132
요인 실각의 패턴	133
도원경과 국가	134

3. 현실주의와 리얼리즘―언어의 사술詐術에 대하여 … 136
리얼리즘의 번역어	136
자취를 감춘 '사실주의'	137
리얼리티와 실재성	138
『홍루몽』 논쟁	139
정치에 의한 언어의 사술詐術	141

제5장 작자와 독자

1. '색은'과 '본사'―사실의 논증에 대하여 … 143
신홍학과 색은학	143
'시가 있어 증거하다有詩爲證'	144
일언일구도 기짓말은 하지 않는다	145

2. 저널리즘과 문단―전업 작가에 대하여 … 147
예인으로서의 설화인	147
저널리즘과 근대소설	148
낙제 문인과 소설	150
지식인의 두 가지 길	151
량치차오와 후스	152
직업으로서의 작가	153

3. 업여작가와 집단창작―연예로서의 문학에 대하여 … 154
봉사로서의 문예	154
베스트셀러 작가들	155
직업으로서의 작가의 부정	156

집단창작	157
근대소설은 사라졌는가?	159

제6장 일본인과 중국인

1. '코카코라'와 '커커우커러' ─ 언어 감각에 대하여 ... 161
'입에도 맞아야 하고 즐겨야만 하고' ... 161
핸들은 호코텐빠 ... 162
'다마시히'는 커먼 센스 ... 164
'화혼양재'와 '중체서용' ... 166
'반드시 이름을 바르게 할지니' ... 167

2. 데카당스와 혁명작가의 운명에 대하여 ... 169
궈모뤄와 위다푸 ... 169
'도망 노예' ... 170
위다푸의 소설 ... 172
실생활과 소설 ... 173
불행한 위다푸의 만년 ... 174

3. 순문학과 대중소설 ─ '쓴다'고 하는 행위에 대하여 ... 176
순문학은 고급인가? ... 176
일회성에 베팅하는 대중 소설 ... 178
대중과 상관없는 '문예의 대중화' ... 179
항일전쟁 하의 문예 ... 181
문은 종이와 펜에서 나온다 ... 183

후기 ... 185
찾아보기 ... 189

서: 하나의 시점—중국 근대소설이란 무엇인가?

민족의 사고양식과 소설

　나는 일찍이 문화인류학의 아마추어 애호가였다. 그 중에서도 루스 베네딕트의 『국화와 칼』의 충격적인 일본 문화 분석 방법은 동종의 방법에 의한 중국 문화 분석의 가능성에 대한 나의 몽상을 불러일으켰다.
　하지만, 이 몽상을 항상 만류하는 것이 있었으니, 그것은 말언어이었다.
　분화구의 바닥을 이 눈으로 확인하고 싶은 강렬한 호기심은 사짓하면 분화구의 바닥에 비유되는 민족의 문화 의지를 냉랭하게 바라보기에는 적합하더라도 때때로 그 분화구로부터 격렬하게 솟구치는 작열의 불, 곧 말의 광학적인 아름다움을 놓칠 수도 있지 않을까—문학에 감응하는 우리의 마음은, 다른 아무것도 아닌, 그러한 분화의 찰나의 미를 찾고 있는 것이다. 하지만 나에게는 한편으로는 분화구의 바닥을 차갑게 파고들고 싶은 탐욕스러운 욕구도 강하게 남아 있었다.
　지금 나에게 분화구는 중국의 문화이자 중국인의 사고양식이다. 혹은 중국인의 인식 방법이라고 해도 좋다. 역사는 그 분화구가 시시

각각 변화해 왔다는 것을 가르쳐주고 있다. 그러나 과연 그럴까? 분화구의 본질은, 겉보기의 현상은 어떻든지 그렇게 쉽사리 변화하는 것인가? 하물며 섬광과도 같은 불, 곧 말은 같은 구멍에서 분출되고 있는 것이다.

이런 생각에서 내가 골라낸 것은 중국 근대소설이다. 여기서도 성가신 문제가 생긴다. 곧 중국 근대소설이란 무엇인가 하는 문제—. 나는 문학사에서의 시대 구분은 모두 무시하고 소설에 대한 원리적 문제만을 생각하는 입장을 취한다.

소설이라는 산문 예술은 밀실에서의 작업의 소산이라고 서술한 알베르 티보데[1]의 인식(『소설의 미학』)을 먼저 확인해 둘 필요가 있다. 이러한 인식을 좀 더 발전시켜 작가가 밀실에서 소설을 쓰고, 인쇄를 매개로 독자가 밀실에서 그것을 읽는다고 하는, 작자와 독자의 일대일 관계가 성립되었을 때, 곧 근대소설이 성립되었다고 한 것은 이토 세이伊藤整[2](『소설의 방법』)이다.

---

1   알베르 티보데Albert Thibaudet(1874~1936년)는 투르뉘 출생으로 파리대학교에서 철학을 배우면서 베르그송에 깊이 빠져들었다. 몇몇 고등학교와 대학의 강단을 거쳐서 1925년 제네바대학교 교수가 되어 평생토록 프랑스문학을 강의하였다. 1911년 이후는 『NRF』지誌의 정기 기고자였으며, 1912년 『말라르메의 시詩La Poésie de Stéphane Mallarmé』를 출간함으로써, 양대전兩大戰 간에 가장 뛰어난 문예평론가로서의 첫걸음을 내디뎠다. 그 밖의 주요저서로는 『플로베르론 론Gustave Flaubert』(1922년), 『베르그송의 철학Le Bergsonisme』(1923년), 『폴 발레리Paul Valéry』(1923년), 『비평의 생리학Physiologie de lacritique』(1919~1931년), 『1789년부터 현대까지의 프랑스 문학사Histoire de la littérature française de 1789 à nos jours』(1936, 미완) 등이 있다.
2   이토 세이伊藤整(1905~1969년)는 일본의 소설가, 시인 겸 평론가이다. 본명은 이토 히사시伊藤整이다. 홋카이도北海道 마츠마에 군松前郡 태생으로 구제 오타루 중학교를 거쳐 오타루고등상업학교 졸업후 교편을 잡다가 도쿄로 상경하여 도쿄상과대학(현재의 히토츠바시 대학)에 입학하였으나, 중퇴하였다. 20세기 일본문학의 중요한 문예평론가 중 한 명이다. 쇼와 초기에 제임스 조이스의 영향을 받아 신심리주의를 제창하였고, 작품 『율리시즈』를 번역하였다. 초기에는 시인으로서 활동하였으나, 이후 소설 및 평론 쪽으로 관심을 옮겼다. 사소

또 소설이란 무엇인가 라는 질문에 대한 답은 현재로서는 미시마 유키오三島由紀夫의 『소설이란 무엇인가』에서의 다음의 정의만큼 정확하고 간명한 것은 없다고 생각된다.

(1) 언어 표현에 의한 최종 완결성을 가지며,

(2) 그 작품 내부의 모든 사상事象은 어느 정도 팩트와 비슷하긴 해도 팩트와 다른 차원에 속하는 것이다.

이 책에서 나의 입론의 근거, 곧 근대소설이란 무엇인가, 소설이란 무엇인가에 대한 답 또한 거의 이상의 정의에 따른다. 이런 생각으로 중국 소설을 검토하는 것은 무모한 것일까?

작자와 독자의 성립

과연 중국에는 티보데가 설파하듯 행음시行吟詩나 "한 남자가 경청하는 한 부인 앞에서 아름답고 감동적인 사랑 이야기를 낭랑하게 읽어 주는" 것과 같은 우아한 서사시가 소설의 모태로 존재했던 적은 없었다. 그 대신에 송대(10~13세기) 대도시의 번화가에서 강담사('설화인')가 민중에게 들려주는 연예의 일종('설화')이 자유롭게 발전해 이윽고 원나라를 거쳐 명나라(14~17세기)에 이르러 그늘의 '설화' 중에서 특히 민중에게 인기가 있는 것이 집대성되고 출판되었던 역사가 있다. 『삼국지통속연의』, 『수호전』, 『서유기』 등은 모두 이와 같은 '설화'가 정리되어 집대성된 것으로 한 작가의 손에서 나온 것이 아니다.

여기에서 언급한 세 편의 백화(구어) 장편소설은 마찬가지로 명대

설 문학의 논리화를 추구함과 동시에 창작 및 집필 활동을 병행하였다. 그의 소설로는 『나루미 센키치鳴海仙吉』, 『범람氾濫』 등이 있다. 평론서로 『일본문단사』 등을 저술하였다.

에 이루어진 『금병매』와 더불어 중국의 '사대소설'(혹은 사대기서)이라 불렸다.

그러나 『금병매』만은 다른 세 편과 확연히 다르다. 이야기의 골자는 『수호전』의 일부에서 따왔는데, 다른 세 편이 '설화인'이 청중의 반응을 보면서 이야기를 변화 발전시켜 왔던 것과는 변화와 발전의 방식이 전혀 다른 것이다. 복수의 작자에 의한 합작일 것이라고 하는 최근의 설도 확실한 논거가 부족하다. 곧 『금병매』야말로 청중이 아닌 독자를 예상한 한 작가가 밀실에서 쓰고, 이것을 인쇄한 독물讀物(초기에는 사본 형태로 퍼졌겠지만)을 독자가 사서 혼자 밀실에서 읽는다는 예의 일대일 관계가 성립된 최초의 소설인 것이다. 주지하듯이 『금병매』는 몹시 음란한 묘사를 많이 담고 있다. 이것은 강담사인 '설화인'이 다수의 청중 앞에서 입에 담을 수 있는 것이 아니었고 또 해서도 안 되었다. 그런데 공개를 꺼리는 것은 외설적인 일에만 그치지 않는다. 내적인 고백이나 사회통념에 대한 의혹과 비판, 탄핵 등도 밀실 작업에서만 가능하지 않았을까?

밀실이라고 하면 범죄적인 냄새가 수반되는데, 확실히 집필이나 독서를 위한 서재라는 것은 아무리 밝은 창과 정갈한 서안書案이더라도 어딘지 모르게 비밀스러운 움막 같은 것이다. 그리고 이야기가 민중이 웃고 떠드는 도회의 번화가로부터 비밀스러운 움막으로 잠입했을 때, 인간성의 새로운 역사가 펼쳐졌던 것은 아니었을까? 이토 세이가 말하는 근대소설이란 바로 이 단계를 가리키고 있다. 그리고 그런 의미에서 『금병매』는 분명히 근대소설의 선구적 존재가 되었던 것이다.

중국에서의 근대소설

[이와 같은] 내 생각이 너무 비약한 것일지도 모른다. 비판자들은 이렇게 말할 것이다. 중국에서 근대소설의 출발점은 1919년 이른바 문학혁명과 함께 나타난 루쉰의 소설들이다. 왜냐하면 그때까지 중국에서는 백화(구어) 소설 등은 문학으로 간주되지 않았다. 이것을 문학이라고 이론화한 것이 문학혁명이고, 실제 작품으로 나타낸 것이 1918년 루쉰의 『광각일기』였다고.

또 다른 비판자들은 이렇게 말할 것이다. 『금병매』가 태어난 시대를 근대라고 하는 것은 이상하다. 중국사의 시대 구분에 있어서는 명나라 말부터 청나라 말(17~20세기)까지를 '근세'라고 칭하는 것이 보통이다. 사람에 따라서는 1840년 아편전쟁 이후를 근대라고 부르기도 하는데, 특히 중국 문학사에서는 문학혁명 이후를 근대문학이라고 칭하는 것이 거의 상식이라고.

첫 번째 비판에 대한 답은 이러하다. 중국의 백화소설에 대한 가치관 문제는 이 책에서는 고려하지 않고 있다. 이 책에서는 그런 가치관 여하를 막론하고 위에서 말한 것과 같은 의미에서의 근대소설 혹은 근대소설다운 소설의 형태를 갖춘 소설이 17세기에 출현하여 이후에도 계속 쓰여졌다는 현상만을 도마 위에 올렸다.

두 번째 비판에 대한 답은 이러하다. '근세'라는 말은 중국과 일본에 있어서만 보편성을 갖는데, 세계적으로는 꼭 그렇지만은 않다. '근세'를 굳이 영어로 번역하면 'pre-modern'이 될 것인데, 이 말도 여러 오해를 사기 쉽다. 우리에게는 전통적으로 받아들이기 쉬운 개념이라 할지라도 세계적으로 보편성을 갖지 못하면 모종의 독선을 낳을 것이다.

각기 다른 시대구분

또 중국문학사에서는 문학혁명 이후를 근대문학이라 칭하는 것이 대부분 상식이라고는 하는데, 시대 구분과 그 호칭에는 여러 설들 사이에 미묘한 차이가 있다. 이를테면 근간의 다음의 세 가지 책(모두 1972년 간행)과 같다.

(1) 다케우치 요시미竹内好[3], 『현대 중국의 문학現代中國の文學』(겐큐사研究社)
(2) 오노 시노부小野忍[4], 『중국의 현대문학中國の現代文學』(도쿄대학

---

[3] 다케우치 요시미竹内好(1910~1977년)는 나가노長野 현에서 태어났다. 도쿄제국대학 문학부 중국철학 중국문학과를 졸업했다. 1934년 '중국문학연구회'를 결성하고, 기관지 『중국문학월보』를 창간했다. 1937년부터 2년간 베이징에서 유학했으며, 1943년에는 육군에 소집되어 중국에서 패전을 맞이했다. 전후에는 1953년 도쿄도립대학 인문학부 교수가 되었으나, 1960년 안보조약 반대운동 중에 국회의 조약체결 강행에 항의해 사직했다. 1954년에는 '루쉰의 벗 모임'을 창립하고 기관지 『루쉰의 벗 모임 회보』를 발간했다. 1963년부터 1973년까지 '중국의 모임'을 조직해 잡지 『쥬고쿠中國』(총 110호)를 발행했다. 1977년 『루쉰 문집』 번역에 매진하던 중 암으로 사망했다. 저서로는 『루쉰』, 『루쉰잡기』, 『현대중국론』, 『일본 이데올로기』, 『일본과 아시아』, 『루쉰 입문』, 『국민문학론』, 『지식인의 과제』, 『불복종의 유산』, 『중국을 알기 위하여』, 『예견과 착오』, 『상황적』, 『일본과 중국 사이』, 『전형기』 등이 있으며, 1982년 『다케우치 요시미 전집』(17권)이 간행되었다. 역서로는 『루쉰 평론집』, 『루쉰 작품집』, 『루쉰 문집』 등이 있다.

[4] 오노 시노부小野忍(1906~1980년)는 일본의 중국문학자로, 도쿄 간다神田에서 태어났다. 도쿄제국대학 문학부 중국학과에 입학해 시오노야 온鹽谷溫에게 배웠다. 1929년 대학을 졸업한 뒤 1934년 후잔보富山房출판사에 들어가 백과사전 편찬에 종사했다. 중일전쟁 시기에 만철滿鐵 조사부원으로 상하이에 주재하면서 민족연구소民族研究所의 촉탁으로 내몽골의 서북연구소西北研究所에 파견 근무를 나가 현지에서 중국 무슬림 조사에 참가하기도 했다. 패전 뒤에는 고쿠가쿠인대학國學院大學에서 강사를 맡은 것을 시작으로 도쿄대학, 규슈대학, 교토대학 등에서 비상근강사를 전전하다 1952년 도쿄대학 동양문화연구소東洋文化硏究所 전임강사가 되었다. 1955년에는 도쿄대학 문학부 조교수, 1958년에는 교수가 되었고, 같은 해에 도쿄대학에서 『중국현대문학의 연구中國現代文學の硏

출판회東京大學出版会)

(3) 아이우라 다카시相浦杲[5], 『현대의 중국문학現代の中國文學』(일본방송출판협회日本放送出版協会)

(1)은 1949년 중화인민공화국 성립 후의 중국을 현대 중국으로 간주하는 것에는 문제가 없지만, 문학혁명 이후를 중국 현대문학으로 규정하면서 문학혁명을 "일본식으로 말하면「근대문학의 성립」이라고 하는 정도의 의미"라고 설명하고 있다는 점에서 독자의 혼란을 초래할 우려가 있다. 또한 (3)의 서명의 뜻은 (1)과 같으면서도 다음과 같은 시대 구분을 제시하고 있다.

① 근대문학: 1840년(아편전쟁)~1914년(5·4 신문화운동 직전까지)
② 현대문학: 1915년(5·4 신문화운동)~1948년(중화인민공화국 성립 직전까지)
③ 당대문학: 1949년(중화인민공화국 성립)~

아이우라 씨는 "이 가운데 ③ 낭대문학의 '낭대'라는 용어는 '지금의 시대'라는 정도의 의미이며, '근대', '현대'에 대치되는 정도의 개념은 아니다. 이것은 '현대' 안에 포함시켜도 좋을 것이다"라고 보충했는데, 독자의 혼란은 조금도 해소되지 않는다. 또 이 시대구분도 문학의 흐름이 XX년부터 XX년까지로 딱 부러지게 구분될 수 있는지 몹시 의문스럽다.

---

[5] 아이우라 다카시相浦杲(1926~1990년). 究』로 박사학위를 받았다. 1967년 정년퇴임 후 명예교수가 되었다.

문화개념으로서의 근대소설

생각건대 애당초 중국문학(아니, 다른 나라의 문학에 있어서도 마찬가지겠지만)에서, '근세', '근대', '현대' 등의 개념을 역사 개념으로 사용하는 것부터가 잘못은 아닐까? 그렇기 때문에 내가 사용하는 '근대소설'이라는 단어는 앞서 들었던 여러 설에서의 구구한 시대구분과는 무관하게, 곧 역사개념이 아니라 일종의 문화개념으로 사용하고 싶은 것이다.

일찍이 에우헤니오 도르스[6]는 그의 명저 『바로크 론』에서 바로크를 역사개념으로 파악하고 있던 그간의 역사주의에 대해 문화개념으로 파악하고자 하였다. 서양미술사에서 바로크란 17세기를 아우르는 전후 150년에 걸친 미술의 흐름을 가리키는 개념에 불과했다. 도르스는 이것을 인간성에 보편적인 '영겁불후'의 '상수常數'로 생각했던 것이다. 유럽에서의 근대소설은 도르스가 제창했던 새로운 바로크 개념과 마찬가지로 이미 하나의 문화개념을 갖고 있다고 생각된다. 물론 도르스가 제창한 바로크 개념을 하나의 발판으로 삼아 새로운 '마니에리즘'[7] 개념을 확립했던 구스타프 르네 호케Gustav Rene Hocke의 업적(『미궁

---

[6] 에우헤니오 도르스Eugenio D'Ors(1882~1954년)는 스페인의 사상가이자 문명사가, 교육학자로 바르셀로나에서 출생해서 비리야누에바 이 헤르도울에서 사망했다. 20세기 스페인의 대표적 인물의 한 사람으로 많은 저서를 남겼으며 그 중에도 『프라도 미술관의 세 시간Tres Horas enel Museo del Prado』(1923년,), 『이념과 형체Las Ideas Y las Formas』, 『고야의 생애Lart de Goya』(1929년) 등이 유명하다. 특히 『바로크론Lo Barroco』(1944년)은 바로크 미술에 대한 해석과 비판을 담은 세계적 명저이다.

[7] 마니에리즘manierism은 세련미의 예술적 이상을 이르는 말로 영어로는 매너리즘이다. 이 용어는 우선 16세기 후반 이탈리아와 프랑스에서 주로 발전한 미술학파에 적용되었다. 성기盛期 르네상스에 완성된 고전주의 예술의 뒤를 이어 받아, 거의 1520년 경부터 17세기 첫머리에 걸쳐서 주로 회화를 중심으로 유럽 전체를 풍미한 예술양식. 어원적으로는 마니에라에서 유래한다. 20세기 초 무

으로서의 세계』, 『문학에서의 마니에리즘』 등)도 내 염두에 있다. 내가 이 책에서 사용하는 '근대소설'이라는 단어가 이러한 의미라는 사실을 여기에 명기해 두고 싶다.

그런데 '근대소설'을 문화개념이라고 규정했기 때문에, 중국에서 근대소설은 존재했는가, 아니면 지금도 존재하는가 라는 나의 새로운 질문이 시작된다. 나는 이미 『금병매』가 근대소설의 선구적인 존재라고 서술했다. 그러나 이것은 어디까지나 '선구적인 존재'일 뿐, 이를테면 이 소설의 작자가 '샤오샤오성笑笑生'이라는 장난스러운 이름戱名에 기탁하고 실제 이름을 밝히지 않았다는 사실은 이 소설의 '근대소설'로서의 성격을 의심케 하는 첫 번째 요인이 될 것이다. 또한 오늘날의 중국에서는 소설의 작자와 독자의 관계가 앞에서 말한 의미에서의

렵까지는 고전주의 예술을 기교적으로 모방하기만 한 쇠퇴기의 예술양식이라는 부정적인 견해가 강했지만, 제1차대전 전후부터 성기 르네상스 양식과는 다른 별개의 독립된 양식으로서 다시 그 의의가 재평가 되었다. 그 본질에 대해서는 르네상스에서 바로크로 가는 변천과정에서 생긴 이행기의 예술양식으로 잡는 견해(와이즈바하), 고전주의 양식의 완성된 표현에 대한 반발로서 특히 이탈리아에서 행하여진 반고전주의적 양식으로 보는 견해(W.프리드렌더), 또한 넓게 16세기 유럽 전체의 정신적인 위기를 반영한 양식으로 보는 견해(드보르작), 르네상스문화의 계속적인 발전으로서 그것의 고차원적 미적 단계로 보는 견해(베케루치, 파조라, 브리간티, 프리드버그), 혹은 인간의 의식 깊이 잠재하는 비합리적인 것에 대한 충동의 발현이라 보는 견해(호케) 등 여러 가지가 있다. 대체적으로 16세기 중엽부터 후반을 지배한 예술양식으로서 그 중요성이 강조되고 있다. 이러한 양식을 낳게 한 역사적 조건으로는 라파엘이나 미켈란젤로의 완성된 힘찬 표현에 대한 경도傾倒, 독일, 특히 뒤러의 작품을 통해서 전해진 북방 고딕의 강렬한 표현주의의 전통, 황제 칼 5세의 군대에 의한 '로마의 약탈'(1527)이나 종교전쟁에서 볼 수 있는 것과 같은 혼란한 시대 특유의 사회적 불안, 퐁텐블로의 프랑수아 1세나 피렌체의 코시모 대공을 비롯해 많은 예술 애호가 군주의 적극적인 보호정책을 들 수 있다. 표현은 극도로 세련된 기교, 곡선을 많이 쓴 복잡한 구성, 비뚤어진 원근법 등을 이용한 뜻하지 않은 구도, 명암의 콘트라스트나 복잡한 안길이의 표현에 의한 강렬한 효과, 환상적인 세부, 때로는 부자연스러우리만치 이상한 프로포션이나 현실과 동떨어진 색채 등을 특색으로 하고, 자주 복잡한 우의적寓意的, 추상적 내용도 포함하고 있다.

근대소설의 그것과는 확연히 다른 듯하다는 점도 중국에서의 근대소설의 존재에 회의적일 수밖에 없는 한 가지 이유가 될 것이다.

이런 의문을 이렇게 저렇게 생각하다 보니, 어느 사이에 나는 중국의 소설을 단순한 현상으로 보는 지극히 닐 아드미라리nil admirari[8]한 태도를 지니게 되었다. 단순한 현상이기 때문에, 남은 것은 현상 상호의 관계의 방식이나, 현상 안쪽의 미지의 광상鑛床에 흐르는 수맥을 탐색하는 편이 훨씬 흥미롭게 여겨졌던 것이다. 물론 이런 사고방식은 중국문학에 관해서는 일반적이지 않다. 따라서 이 책은 나의 이런 사고방식을 시론적으로 제출하기 위해 기획된 것이다.

이 책은 실증적이고 문헌적인 소설사를 의도한 것이 아니므로 이 책에 등장하는 소설들에 대해서는 말미에 첨부한 간단한 연표를 통해 그 시대적 위치를 확인해 주기 바란다. 또, 그런 소설들에 대한 좀 더 실증적인 지식을 얻고자 하는 독자에게는 앞서 언급한 바 있는 다케우치 미노루, 오노 시노부, 아이우라 다카시 세 사람의 저서 외에 다음 네 책이 유익한 것이다.

(1) 오사카시립대학 중국문학연구실 편, 『중국의 8대 소설中國の八大小說』(1965년, 헤이본샤平凡社)
(2) 마스다 와타루増田渉, 『중국문학사연구中國文學史研究』(1967년, 이와나미서점岩波書店)
(3) 오가와 다마키小川環樹, 『중국소설사의 연구中國小說史の研究』(1968년, 이와나미서점岩波書店)

---

[8] 라틴어 'Nihil admirari 또는 Nil admirari'는 '어느 것에 의해서도 놀라지 않는다to be surprised by nothing' 또는 명령형으로 '아무 것도 너를 놀라게 하지 마라Let nothing astonish you'라는 뜻이다. 일본어로는 "何事にも驚かないこと 무슨 일에도 놀라지 말 것" 정도로 번역된다. 한 마디로 '심드렁한' 정도의 의미이다.

(4) 우치다 미치오内田道夫 편, 『중국소설의 세계中國小說の世界』
(1970년, 효론사評論社)

제1장 이야기의 구조

1. 『경화연』과 『걸리버 여행기』—인식의 퍼스펙티브에 관하여

중국인의 여행문학

중국에는 고래로 저명한 대 여행가가 많았다. 한대漢代의 장첸張騫, 진대晉代의 파셴法顯, 당대唐代의 쉬안쌍玄奘, 원대元代의 츄추지丘處機, 명대明代의 정허鄭和 등, 조금만 생각만 해도 이런 이름이 떠오른다. 삼장법사라는 이름으로 친숙한 쉬안쌍을 예들 들자면, 인도 불전을 구하러 창안長安을 떠난 뒤 중앙아시아를 오가며 18년의 세월을 여행했다. 18년! 제트기 시대의 오늘날 우리에게는 정신이 아찔해지는 장거리이며, 또 일본에는 이런 터무니없는 여행가는 일찍이 존재했던 적이 없었다.

그런데도 중국에는 매력 있는 여행문학이 없다. 파셴法顯의『불국기佛國記』도 쉬안쌍玄奘의『대당서역기大唐西域記』도, 리즈창李志常의 『장춘진인長春眞人(츄추지丘處機) 서유기西遊記』도 각각 귀중한 기록이긴 하지만, 여행문학, 모험문학으로 읽으면, 예를 들어 마르코 폴로의 『동방견문록』이나 이븐 바투타'의『삼대륙 주유기』에 한참 못 미친다. 이런 사정은 근년의 여행문학 역시 마찬가지다. 근년의 중국인 역시 결국 체리-가라드Apsley Cherry-Garrard의 『세계 최악의 여행The Worst Journey In The World: Antarctic 1910~1913』이나 스벤 헤딘의 『방황하는 호수』에 버금가는 여행문학을 만들어내지 못했다.

장첸張騫, 쉬안좡玄奘, 츄추지丘處機, 정허鄭和 등의 여행기를 편역해 『중국의 위대한 여행가들The Great Chinese Travellers』(London, 1965)이라는 한 권의 책으로 묶은 쟈넷 미르스키Jeannette · Mirsky[10]는 그 서문에

---

9   이븐 바투타Ibn Battūtah(1304~1368년)는 지금의 북아프리카 모로코 탕헤르Tanger에서 태어났으며, 베르베르족으로 이슬람 순니파에 속했다. 그가 살았던 시대는 마린 왕조였으며 페스Fez가 수도였다. 법학을 공부하여 카디라는 신분을 가지고 있었다. 1325년 이븐 바투타가 22살이 되던해 이슬람 성지를 순례하겠다는 계획을 세우고 고향을 떠나 목적지인 성도聖都 메카Mecca를 향해 동쪽으로 여행을 시작했다. 그의 순례여행은 튀니스Tunis를 거쳐 이집트 알렉산드리아Alexandria로 갔으며, 낙타 대상들과 함께 시리아 다마스쿠스Damascus를 지나 1330년 경에 메카에 도착했다. 그의 순례여행은 계속되어 1331년에는 메카를 출발하여 홍해를 지났으며 아프리카 대륙 동쪽 해안을 따라 남쪽으로 향했다. 이 여행에서는 육로대신 배를 이용했다. 예멘Yemen, 모가디슈Mogadishu, 뭄바사Mombasa에 정박하였고 다시 북상하여 오만Oman을 거쳐 호르무즈Hormuz 해협을 통해 메카로 돌아왔다. 이븐 바투타는 두번의 성지순례 여행을 통해서 그가 계획했던 순례여행을 마쳤으나, 인도의 이슬람 성지를 방문하기 위해 다시 동방으로 향했다.
인도 델리 술탄국을 방문하여 인도의 콰디(법관)로 있었고 약 9년을 머물렀다. 술탄의 사절단의 일원이 되어 인도 남부지역을 순례하였는데 힌두교 죄수들의 처참한 죽음과 공중부양하는 요기 등 놀라운 풍물을 그의 여행기에 기록했다. 1345년 술탄의 요청으로 중국 왕을 방문하는 사절단의 일행이 되었으며, 풍랑을 만나 몰디브 제도에서도 콰디(법관)로 머물렀으며 4명의 아내를 두었다. 정크선을 타고 동쪽 바다로 항해했다. 이교도의 국가라고 언급한 중국을 방문하는 중에 여성들이 통치하는 타왈리시라는 소국의 이야기를 기록했다. 그리고 수마트라 술탄의 도움으로 취안저우泉州를 거쳐 베이징에 이르렀고 중국은 음식이 매우 발달된 나라라고 기록했다. 1349년 바그다드 · 메카 · 이집트를 거쳐 모로코로 돌아갔다고 기록했지만, 그가 실제로 중국을 여행했는지는 불확실하며 사실이 아닌 것으로 받아들여진다. 북아프리카로 돌아간 뒤 사하라 사막을 여행, 나이저강에 이르렀으며, 30년에 걸친 여행거리 12만 km의 여행기 『도시들의 진기함, 여행의 경이 등에 대하여 보는 사람들에게 주는 선물』(1356)을 남겼다. 각지의 학자 · 수도사와 친분을 나누었으므로 그의 기록은 매우 풍부하며, 14세기 중엽의 이슬람사회를 잘 부각시켜 사료로서의 가치도 크다.

서 다음과 같이 기술했다.

> 중국 여행문학의 조사措辭[(시가·문장에서) 말의 용법과 배치]는 허실이 없고 간결하다. 무미건조한 사실은 존재하지만, 어떤 감정도 물리치려는 듯 모험과 재난은 아주 단순하게 결부되어 있다. 각각의 여행은 사절로 이루어졌지만, 그것은 특정한 목적은 있어도 정신적인 의미는 없었다(was specific not mystical). 곧 가능한 한 멀리 있는 정치적 동맹국들과 접촉하기 위해서이고, 성지순례를 하기 위해서이며, 다른 세계의 정복자들과 절충하기 위해서였다. 공포와 용기라는 여행문학의 첫 번째 요소는 상황이나 반응을 통해 에둘러 제시되고 있을 뿐이다.(졸역. 이하 달리 설명이 없는 경우 졸역)

역사적 사실에 드러난 중국인의 여행과 그 기록의 특질을 훌륭하게 요약한 말이다. 여행가들의 여행이 모두 특정한 목적이 있었던 것처럼, 몇 안 되는 여행 소설에 그려진 여행 또한 자못 그 나름의 특정한 목적이 있었다. 여기서는 청대 후반 리루전李汝珍이 쓴 『경화연鏡花緣』을 예로 들기로 하겠다.

---

10 쟈넷 미르스키 긴즈버그Jannette Mirsky Ginsburg(1903~1987년)는 탐험의 역사에 대한 전기적 저술로 1947년 구겐하임 펠로우쉽을 수상한 미국 작가이다. 그녀는 뉴저지 브래들리 비치에서 태어나 마이클 데이비드 미르스키와 프리다 에틀슨 미르스키의 딸로 뉴욕에서 자랐다. 콜롬비아 대학교에서 프란츠 보아스와 마가렛 미드와 함께 인류학을 전공했고, 나중에 컬럼비아 대학교에서 명예박사 학위를 받았다. 미르스키는 자신의 연구와 관련된 희귀한 논문, 지도, 공예품들을 보기 위해 광범위하게 여행했다. 1947년에 구겐하임 펠로우쉽을 받았으며 록펠러 재단의 보조금과 전미 인문학 기금의 보조금을 받았다. 작품으로 『북쪽으로: 초기부터 현재까지의 북극 탐험 이야기』(1934), 『발보아: 태평양의 발견자』(1964), 『고고학 탐험가 오렐 스타인 경』(1977), 『위대한 중국 여행자들』(1974) 등이 있다.

『경화연』과 『걸리버 여행기』

이 소설은 정말 재미없는 것 치고는 할 말이 많기 때문에 앞으로도 자주 등장할 것인데, 그건 그렇다고 치고 이 소설의 줄거리는 이렇다.

탕아오唐傲라는 남자가 50세가 넘어서 겨우 과거시험에 합격해 관리가 되지만, 공연한 누명을 쓰고 은퇴하렸더니, 꿈에 선인이 나타나 다음과 같이 말했다. "앞서 측천무후의 명령에 의해 눈 내리던 날 철에 맞지 않은 꽃을 피웠던 천상의 백 개의 꽃들이 천제의 노여움을 사 하계에 떨어져 백 명의 아가씨로 전생했다고 합니다. 그 가운데 여든 여덟 명은 우리 중국에서 태어났기 때문에 행복하게 살고 있지만, 열두 명은 이방에 있어 영락했다고 합니다. 그대가 해외를 돌다가 열두 명을 구한다면 큰 공덕이 될 겁니다." 사실은 탕아오의 하나뿐인 딸 구이천閨臣도 백화선자百花仙子가 환생한 모습인데, 탕아오는 무역상을 하는 손위 처남 린즈양林之洋의 배를 타고 해외여행을 떠난다. 이렇게 둘러본 나라들은 30여 개로, 흑치국黑齒國, 여아국女兒國, 무장국無腸國 등 대체로 한대의 지리전설서 『해경海經』에 기록된 나라들로 어찌 되었든 중국에는 별로 유례가 없는 이국 여행 소설로서 스위프트의 『걸리버 여행기』와 비교된다.

그런데 걸리버의 여행에는 무슨 특정한 목적이 있었던 것일까? 그런 건 [애당최] 없었다. 스위프트는 "다른 나라를 보고 싶다는, 그 질릴 줄 모르는 호기심이 아무래도 우리들을 가만히 내버려두지 않았던 것"(나카노 요시오中野好夫[11]의 번역에 의함)이라고 썼다. 미지의 땅을 찾아서 고대부터 탐험과 여행에 열정을 쏟았던 유럽인들의 마음의

---

[11] 나카노 요시오中野好夫(1903~1985년)는 일본의 영문학자, 평론가로 영미문학 번역의 태두이다. 도쿄대학東京大學과 쥬오대학中央大學 교수를 역임했다.

소리가 실로 직절하게 나타나 있지 않은가.

이에 반해 탕아오의 해외여행은 역사적 사실에 있어 대 여행가들의 그것만큼이나 특정한 목적이 있었다. [애당최] 미지의 세계terra incognita에 대한 호기심 따위는 한 조각도 없었다. 그리고 이것은 중국 소설 속 이야기의 구조와 밀접한 관련이 있다. 그러면 『경화연』과 『걸리버 여행기』를 좀 더 비교해도록 하자. 먼저 『경화연』 제16회부터. 여기에 등장하는 둬쥬궁多九公은 린즈양의 배에 있는 박학다식한 노수부老水夫이다.

> 무계국無膂國을 지나 도착한 곳은 심목국深目國이었다. 그런데 얼굴에 눈이 없고 사람들마다 손을 높이 들고 다녀서 살펴보니, 눈이 손에 달린 게 아닌가. 위를 볼 때는 손바닥을 하늘로, 아래를 볼 때는 땅으로 향하게 하면서 앞뒤좌우를 자유롭게 볼 수 있는 게 몹시 편리해 보였다.
> "눈이 손에 달렸기에 망정이지, 입이 손에 있었으면 음식에 관한 한 누구도 저들을 당해내지 못했겠군요. 그나저나 심목국 사람들 중에 근시는 없나요? 손에 안경을 쓰면 그것도 재미있겠어요. 그런데 둬쥬궁, 왜 눈이 손에 있는 겁니까?" 린즈양이 둬쥬궁에게 물었다.
> "예전과 달리 인심이 나빠졌기 때문이 아닐까요? 정면으로만 봐서는 파악하기 어려우니까 사방팔방으로 살피려고 손에 눈이 나도록 한 거죠. 그러면 상하 좌우는 물론 전후까지 두루 경계하기 쉬울 테니 항상 신중하고 조심할 수 있겠죠."
> "고서에는 눈이 손바닥에 있다는 말만 있을 뿐 왜 그런지 이유가 나와 있지 않아서 궁금했는데, 오늘 둬쥬궁의 명쾌한 설명에 의문이 모두 풀렸습니다." 탕아오가 말했다.(「제16회」)[12]

---

12 우리말 번역문은 문현선 옮김, 『경화연』 1, 2(문학과지성사, 2011년)을 인용했음을 밝혀둔다. 이하 모두 같다.

심목국에 관한 것은 이것뿐이다. 미지의 나라에 도착한 것에 대한 반응의 차이를 드러내기 위해 『걸리버 여행기』 중 제2편 「대인국」 가운데 일부를 인용한다.

> 땅이 완전히 경작되어 있었다. 그러나 우선 놀란 것은 풀의 길이였다. 건초용으로 남겨진 듯한 곳에 서 있는 풀의 높이는 20 피트 이상이었다. 나는 대로에 들어섰다. 적어도 그 때는 나에게 대로로 보였다. 그러나 실은 그 곳 주민에게는 보리밭 사이의 오솔길에 지나지 않았던 것이다.…… 나는 울타리에 틈이 없나 찾고 있었는데, 그 때 이웃한 밭에서 한 원주민이 디딤대 쪽으로 다가오는 것을 봤다. 그의 체구는 바다에서 보트를 쫓아가던 사람과 같았다. 그의 키는 보통 교회의 첨탑 정도로 높았고, 그의 한 걸음의 길이는, 내가 추측하기에, 약 10야드나 되었다. 나는 너무나 놀라고 겁에 질려, 보리밭 속으로 달려가 숨었다.[13]

따분한 이국 순례

『경화연』에서의 여행자들은 미지의 나라에 도착할 때마다 박학다식한 뒤쥬궁의 주도면밀한 설명으로 그 나라에 대한 대략적인 지식을 얻은 후 상륙한다. 게다가 아무리 미지의 나라라도 사람들은 탕아오 일행과 같은 말을 하기 때문에 의사소통에 부족함이 없고, 윤리관도 같기 때문에 생명의 위험은 거의 없다. 위험이 있어도 예측 가능하다. 요컨대 『경화연』에 등장하는 30여 개 국가들은 주민들의 얼굴 생김새나 습속에 약간 다른 점이 있을 뿐이다. 그런 까닭에 앞서의 인용에서도 알 수 있듯이 얼굴 생김새의 기괴함의 수수께끼만 풀어버리면 탕아

---

[13] 우리말 번역문은 송낙헌 옮김, 『걸리버 여행기』(서울대학교 출판부, 1999년)를 인용했음을 밝혀둔다. 이하 모두 같다.

오 일행의 호기심을 불러일으키지도 않고, 중국의 가치기준이 어디서나 통하는 같은 평면 위에 그 나라들이 나란히 서 있는 것이다. 다시 말하자면 이른바 '중화사상'이 모든 미지의 세계에 대한 인식을 거부해 왔다는 역사적 사실들이 이 소설에도 투영되면서 따분한 이국 여행 이야기를 만들었다고 해도 좋을 것이다.

한편 『걸리버 여행기』는 어떤가? 걸리버는 표착한 미지의 나라에서 우왕좌왕하는 가운데 속속 드러나는 기괴한 사물에 혼비백산하면서도 그럭저럭 시행착오를 거듭한 끝에 조금씩 그 나라의 본질에 접근한다. 이것은 중세를 벗어난 유럽의 탐험과 발견의 시대정신 그 자체다. 이것은 또 유럽 회화에서 르네상스 이래 발전해 온 투시화법의 방법과도 궤를 같이 한 것이리라. 전경의 정밀한 묘사는 아마도 화폭 전체의 표면적인 주제이겠지만 원경에 이르는 수학적 긴장을 더듬어 보면, 원경의 어느 한 점을 향해 주제 스스로도 수수께끼로 보류하고 있을지도 모르는 새로운 주제들이 수렴하고 있다.

만약 레오나르도 다 빈치의 「모나리자」의 그림에서 미소 짓는 라 조콘다La Gioconda의 배경이 된 황량한 산야를 보지 않고서는 그 사람의 눈은 청맹과니가 될 것이다("그대가 있기에 풍경이 보이지 않는다./ 그대가 항상 가리고 있다"라고 노래했던 부라노 시로村野四郎의 시 『모나리자』도 상기하고 싶다). 또 이를테면 니콜라 푸생[14]의 「포키온의 유골을 모으는 그의 아내The Ashes of Phocion Collected by His Widow」[15]

---

14 니콜라 푸생Nicolas Poussin(1594~1665년)은 프랑스의 화가로 로마에 오랫동안 머물면서 고전주의적인 주제들을 많이 그렸다. 노르망디의 레장들리Les Andelys 출생이며, 라파엘로의 작품에 감화되어, 1624년에 로마로 가서 당시의 유행 작풍이었던 카라치 파의 작품을 배우고 고전적 교양을 쌓았다. 1628년 성 베드로 대성당의 제단화를 그릴 무렵부터 유명해져 1639년에 고국 프랑스의 루이 13세로부터 수석 화가로서 초빙되었다. 그는 17세기 프랑스 최대의 화가이며, 프랑스 근대 회화의 시조로 불린다. 주요 작품으로는 〈예루살렘의 파괴〉, 〈바쿠스 제〉, 〈아르카디아에도 나는 있다〉 등이 있다.

그림에서 전경의 뼈를 줍는 사람만 보고, 신전으로 오인되는 여러 가닥의 수직선에 암시된 원경의 인골의 숲을 보지 않으면 그 사람의 눈도 청맹과니인 것이다.

15 포키온의 유골을 모으는 그의 아내The Ashes of Phocion Collected by His Widow는 니콜라 푸생이 1648년에 캔버스에 유채물감으로 그린 것으로 크기는 116.5×178.5 ㎝이며, 소장처는 영국 리버풀, 워커 미술관이다. 니콜라 푸생은 17세기 서구 회화 전통에서 규범으로 인정받는 위치에 올랐다. 그리스와 로마 시대의 유산에 마음을 온통 빼앗겼던 푸생에게 가장 중요했던 것은 특정 인물과 그들의 공적에 나타나는 고결한 이상을 자신의 작품 속에 구현하는 것이었다. 이는 스토아 철학자들이 대단히 존경했던 아테네의 귀족인 포키온을 묘사한 두 점의 그림의 기저에 깔린 푸생의 예술적인 감수성과도 완벽하게 일치한다.
이 작품은 두 점의 '포키온'의 그림 중에서 두 번째 그림이며, 제목이 암시하듯이 메가라 교외에서 포키온의 유해를 모으고 있는 포키온의 미망인과 하녀를 묘사하고 있다. 기원전 4세기에 살았던 정치인이었던 포키온은 정치적 과오를 이유로 사형에 처해졌다. 당시 장례용으로 장작더미에 불을 붙이는 것을 금지하는 법령이 통과되어 그를 화장할 수 없게 되자, 그의 시신은 아테네 외곽의 메가라로 옮겨져 화장되었다.
포키온에 관한 첫 번째 그림은 포키온의 시신을 아테네 바깥으로 옮기고 있는 노예들의 큰 슬픔에 주안점을 두었다면, 두 번째 그림은 훨씬 더 절제되었다. 마치 자신이 하는 일이 주의를 끌지 않기를 바라는 것처럼 유골을 모으고 있는 포키온의 미망인이 전경에 보인다. 전체적으로 장려한 목가적 풍경과 비옥하고 장엄하며 조화로운 자연 묘사에서 배경을 다루는 푸생의 놀라운 솜씨를 볼 수 있다.

여행의 목적과 그 성과

문학의 경우도 마찬가지라고 할 수 있지 않을까? 걸리버가 표착한 나라는 모두 기괴한 사람들(때로는 말)이 지배하고 있다. 그 나라의 전모를 알기 위해서 걸리버는 혼뜨검이 나면서도, 깊숙이 헤치고 들어가야만 했다. 그러게 되면 항상 전경에 그려져 있는 그 나라의 기괴한 모습에만 사로잡혀 있던 눈은 부지불각 중에 원경에 인도되어 [바로] 거기서 걸리버, 이 사람의 고향 같은 것이 보인다고 하는, 역전[16]의 구조가 밝혀지는 것이다. 사실 이 구조는 풍자의 본질과도 통하게 되므로 나중에 다시 서술하겠다.

진정 특별한 중국인의 여행에서 걸리버의 "다른 나라를 보고 싶다는, 그 질릴 줄 모르는 호기심"은 오히려 방해물이고, 필요한 것은 정치적, 외교적, 종교적 등의 목적이자 그 성과이기 때문에 목적지에 이르는 여정은 모험적 요소가 아무리 많아도 모든 것이 하나같이 병렬되고 있을 뿐이다.

쉬안쫭玄奘의 위대한 점은 18년이나 걸려서 인도에서 불전 원본을 가져왔고, 그것을 한역했던 그 독실한 종교심도 그렇지만 그 시대에 중앙아시아 사막을 홀로 걸었던 엄청난 모험성신 때문이라고 생각되는데, 이것은 중국에서는 거의 평가되지 않았고, 본인 또한 그에 대한 자각은 부족했다. 그 여행의 견문을 기록한 『대당서역기』는 귀국 후의 엄청난 번역 작업과 함께 쉬안쫭의 위대한 업적 가운데 하나라는 것은 말할 필요가 없지만, 쟈넷 미르스키도 지적했듯이 무미건조한 사실(물론 귀중한 사실이긴 하지만)이 병렬되어 있긴 해도 쉬안쫭이

---

16 원문인 돈덴가에시どんでんがえし는 무대 장치를 급히 뒤집어 다음 차례의 것과 바꾸는 일이나 그런 장치를 의미하며, 의미가 전용되어 일이 거꾸로 뒤집히거나 역전되는 것을 말한다.

조우했을 여러 어려움에 대한 기술이 너무 부족하기 때문에, 전체적으로는 정신적인 퍼스펙티브가 결여된 한 장의 그림책과 비슷한 여행 문학일 뿐이다. 그리고 이것은 중국 소설 속 이야기의 구조와 많은 관련이 있다고 생각된다.

2. 『서유기』와 피카레스크소설 서사시의 세계에 관하여

변문이라는 설법 형식

쉬안짱 이야기가 나온 김에 쉬안짱을 모델로 한 소설 『서유기』를 예로 들어 보겠다. 어떤 목적을 위해 연이어 닥치는 어려움을 극복하고 마침내 목적을 달성하는 용감한 사람의 이야기는 유럽에서는 옛날부터 발달해왔다. 기원전 800년 경에 성립되었다고 하는 호메로스의 『일리아스』나 『오디세이아』 등의 서사시는 그 대표작이다. 그러나 중국에서 이런 유형의 이야기가 등장하는 것은 훨씬 뒤의 일이다.

금세기 초 영국의 오렐 스타인과 프랑스의 뽈 뻴리오가 둔황敦煌의 천불동千佛洞을 발견하고 그곳에서 엄청난 [양의] 고문서(소위 둔황문서)를 자국으로 가져간 것은 잘 알려진 사실이다. 그런 둔황 문서 가운데 '변문'이라고 불리는 것이 있었다. '변문'이란 당나라 말부터 발생한 승려의 설법 형식의 하나인 속강을 원류로 하여 불전의 체재를 본떠 운문과 산문이 서로 갈마들되 산문 부분은 구어를 사용했던 특수한 것인데, 사실 이것은 나중에 송대 대도시의 번화가에서 민중들에게 사랑을 받았던 설화의 발생을 야기했다고 볼 수 있다. 이 변문 중에서도 유명한 것으로 『대목건련명간구모변문大目乾連冥間救母變文』(줄여서 『목련변문』)이 있다. 이것은 석가의 제자인 무롄目連이

지옥에 떨어진 어머니를 구하기 위해 차례로 지옥을 돌아 겨우 아비지옥에서 어머니를 발견하고, 그 고통을 구제하기 위해 7월 15일에 백가지 맛의 음식과 오과五菓를 갖추어 시방十方의 불승에게 공양했다는 이야기이다. 이 이야기는 원래 인도에 있던 것인데 나중에 중국에 이르러 『불설우란분경佛說盂蘭盆經』에 편입되었다.

염주 식 에피소드

무롄의 지옥 순례 이야기는 어머니를 구하기 위한 숭고한 목적도 있지만, 그 목적을 막는 장애가 잇따라 출현하여 주인공을 괴롭히는 데에도 재미가 있다. 백성들은 어떤 이야기에 해피엔딩을 기대하기도 하지만, [그 과정에서] 마음을 졸이게 하는 요소도 많이 기대하기 때문이다. 이렇게 송대 설화인들은 『목련변문』 등에 보이는 이야기의 새로운 구조에 주목했다. 그에 알맞은 모델로 당나라 최초의 위대한 승려 쉬안쫭이 있었다. 이야기를 재미있게 하기 위해 마음을 졸이는 장면을 설정하고, 많은 요마를 등장시켰으며, 쉬안쫭 쪽에도 신통력을 지닌 원공猿公이라는 종자從者를 붙였다. 남송 때 출간된 『대당삼장취경시화大唐三藏取經詩話』는 당시 번화가에서 전해지던 쉬안쫭 이야기의 초기 형태를 전하고 있다. 여기에는 아직 쑨우쿵孫悟空이라는 이름도 주어지지 않은 후행자猴行者나 사우징沙悟淨의 전신으로 생각되는 심사신深沙神이 등장하고 있다. 그리하여 명대에 이르러 우청언吳承恩이 여러 쉬안쫭에 관한 이야기들을 집대성하여 『서유기』라는 일대 장편으로 정리하였던 것이다.

현존하는 『서유기』는 (1) 쑨우쿵의 탄생, (2) 쉬안쫭의 탄생, (3) 당 태종의 지옥 순례, (4) 인도로의 취경 여행, 이렇게 네 부분으로 이루어져 있다. 그러나 중심이 (4)에 있다는 것은 말할 것도 없고,

양적으로도 13~100회로 대부분을 차지한다. 이 여행에 있어서의 여러 가지 위난危難은 81개를 헤아리며, 이 수는 불문佛門에서는 9×9=81이 가득차야만 '진眞'으로 돌아간다는 의미를 지니는데, 이야기의 구조로 보면 81난이지만, [실제로는 100난이건 반대로 10난이건 이야기의 완결성과는 관계가 없다. 일화를 염주 식으로 병렬하는 구조는 이야기의 구조로서는 가장 단순한 구조이다. 중국에서는 이러한 이야기의 구조가 이미 기술했듯이 매우 늦게 발생했고, 게다가 그 이후의 소설에 아마도 오늘날까지 계승되고 있을 것이다. 그것을 생각하기 전에 유럽 쪽을 한 번 둘러보자.

피카레스크소설

16세기 스페인에서 발생한 이른바 '피카레스크소설Novela Picaresca'은 유럽에서 크게 유행했는데, 그 선구라 할 만한 것은 작자 미상의 『라사리요 데 토르메스의 생애』[17]이다. 이 소설은 라사리요라는 소년이 간지

---

[17] 라사리요 데 토르메스의 생애, 그의 행운과 불운La vida de Lazarillo de Tormes y de sus fortunas y adversidades(1554년)은 작자 미상인데, 아마 영영 밝혀지지 않을 가능성이 높다. 오랜 세월 동안 이 작품의 작자는 디에고 우르타도 데 멘도사라는 귀족으로 알려져 왔다. 그러나 최근에는 고등교육을 받은 에라스무스적 성향의 궁정 관리였던 알폰소 데 발데스라는 주장도 제기되고 있다. 이 작품에 등장하는 누군가가 직접 썼을 거라는 설도 있지만 설득력이 없다. 주인공 라사리요는 장님의 인도자를 시작으로 각양각색의 주인을 섬기는 시동 노릇을 하다가 자기 어머니의 애인인 수석사제의 입김으로 톨레도의 하급 관리를 섬기게 된다. 이 작품은 라사리요가 여러 주인 밑을 전전하며 겪게 되는 상황들을 서술한 자전체의 짧은 글로, 아직까지도 독자들에게 묘사의 대상이 되는 익명의 남녀(라사리요의 "주인님"들)에 대한 호기심을 불러일으킨다. 이 책에서 작가가 쓴 모든 것들은 이미 반 성직자 경향의 문학이나 전승에서 이미 등장했던 것들이지만, 문학적 제약에서 자유로운 문체를 썼다는 점과 다양한 소재들을 단 한 사람의 경험으로 집약시킨 것은 근본적으로 새로운 요소이다. 이 작품은 피카레스크 소설의 시초로 알려져 있지만, 그보다 더 중요한 의의는 바로 한 개인의 눈으로 바라본 세상을 그린 진정한 근대 소설이라는 것이다.

奸智가 뛰어난 맹인 걸식을 위주로 시작해 계속해서 악당의 주인을 전전하며 고생을 거듭하다가 최후에는 겨우 결혼해서 소소한 행복을 얻는다는 단순한 이야기를 가지고 있다. 16세기 영국의 피카레스크소설 토마스 내쉬의 『불운한 나그네』[18] 또한 주인공 잭 윌튼이 연이어 조우하게 되는 사건들을 연결한 것이다. 겨우 6화로 이루어진 라사리요의 이야기도, 약간 복잡한 잭의 이야기도, 81난을 겪고 목적을 성취하는 『서유기』의 이야기와 구조적으로는 조금도 다르지 않다고 생각해도 좋을 것이다. 그러나 결정적인 차이점은 주인공의 성격이다.

소설 『서유기』의 주인공은 쉬안짱이라기보다는 쑨우쿵이다. 곧 공중재비를 한 번 하고 근두운을 타면 세상 끝까지 비행할 수 있고, 귀에 넣어둔 여의봉을 휘두르면 한없이 커지기도 하는, 변화 자유자재의 환술을 가진 쑨우쿵인 것이다. 아주 예사로운 인격의 소유자가 아니라 민중의 마음에 깃들어 있는 영웅호걸에 대한 동경을 체현한

---

[18] 『불운한 나그네The Unfortunate Traveller』, 또는 『잭 윌튼의 생애The Life of Jacke Wilton』는 토머스 내쉬Thomas Nashe(1567~1601년)의 엘리자베스 시대 최고의 재기발랄한 소품으로, 프랑스에 주둔 중인 헨리 8세 군대의 신참병 잭 윌튼에 대한 이야기이다. 군대의 사괴술 장수인 미스룰의 꼬임에 빠지면서 윌튼이 겪게 되는 일련의 모험들이 이야기의 줄거리를 이루고 있다. 미스룸은 왕이 자신을 적국의 스파이로 생각하고 있어 얼마든지 술을 공짜로 먹을 수 있다며 윌튼을 속인다. 결국 사실이 발각되고 왕이 이를 알게 되면서 윌튼은 태형을 받게 된다. 군대에서 쫓겨난 윌튼은 전 유럽을 떠돌며 인간 세상의 부패와 타락을 목도한다. 뮌스터에서는 낙원을 건설하려는 재세례파 교도들에게서 파괴성을, 이탈리아에서는 자도크와 컷울프라는 두 죄인의 처형을 통해 그보다 더한 잔인함과 악을 목격하게 된다. 그 와중에 그는 추방당한 잉글랜드의 공작을 만난다. 공작은 윌튼에게 여행이란 최대한 피해야 하는 저주받은 행위라고 말하며, 고요한 정착 속에서 깨닫지 못한 것은 여행을 통해서도 배울 수 없다고 가르침을 준다. 결국 여행을 하면서 자신이 본 것들에 질려버린 윌튼은 다시 잉글랜드로 돌아와 죽을 때까지 고향에 머무르기로 맹세한다. 『불운한 나그네』는 노골적인 묘사의 불편함을 반감시키는 아이러니 덕분에 불안과 재미가 시시각각 교차하므로, 독자들은 마지막 장을 덮을 때까지도 윌튼의 여행이 계몽적인 것이었는지, 아무 쓸모없는 시간 낭비였는지 결론을 내릴 수가 없다. 특히 폭력을 다루는 내쉬의 장면 묘사에는 평범과 비범을 아우르는 재기가 번뜩인다.

초자연적인 존재이다.

한편 라사리오나 잭으로 말하자면, 극히 보통의 시정 한 구석에서 남루하게 구겨져 있는 가련한 민중, 혹은 약간은 돈키호테적인 시민의 모습 그대로다. 영웅호걸에 대한 송가는 어느 세계에나 있지만, 그것만으로는 인간성의 성찰은 이루어질 수 없기에, 유럽에서는 그리스 로마시대의 영웅 호걸담을 졸업하고, 암흑의 중세를 벗어난 르네상스 기에는 이미 평범한 인간에게 숨어 있는 인간성의 본질을 추구하기 시작했다. 바꿔 말해서 유럽인의 영웅호걸담은 고대 서사시의 전통에서 이미 발휘되었던 것이다. 그런데 중국에는 서사시가 나타난 적이 없었다. 왜일까?

내륙형의 대 여행가들

앞서 들었던 중국인 대 여행가들은 명나라 정허를 제외하고는 모두 내륙형이다. 중국의 항해술은 오래전에 발생됐지만, 내하 항행이 발달한 것에 비해 외양 항해는 발달하지 않았다. 서쪽 사막을 따라서 실크로드가 불교를 최대로 삼는 이국의 문물을 가져온 만큼, 동방의 바다는 중국 문명에 큰 도움을 주지 못했다. 바다가 운반하는 물건은 일본으로, 또는 동남아시아로, 중국으로부터의 일방적 수출이 많았다. 그런 까닭에 중국인에게 바다는 세계의 중심인 중화제국 문명을 주위 오랑캐들로부터 지켜주는 천연 장벽 가운데 하나에 불과했다. 북쪽의 만리장성, 서쪽의 사막, 남쪽의 산악, 그리고 동쪽의 바다. 이 모든 것이 장벽이자 동시에 그들의 인식의 경계였던 것이다.

주지하듯이 바다의 이미지에는 그 저편의 미지의 세계로의 로맨티시즘과 불안과 태내 회귀 욕망(가스통 바슐라르가 말하는 '요나 콤플렉스'[19]) 등을 동시에 포함하고 있다. 이것은 대지라는 견고한 현실

위에 사는 사람들에게 무한한 상상력을 불러일으키게 한다. 상상에 의해 그린 바다의 끝이 바로 세계의 끝이었기 때문에 『일리아스』에서는 "극양남극과 북극에 가까운 해양의 흐름이 포말을 일으키며 끝도 없이 흐르고 있다"(구레 시게이치吳茂一[20] 옮김) 라는 등과 같이 노래했고, 그곳에 다다르려는 무모한 항해가들이 이를테면 기원전 4세기의 피테아스[21] 같이 대해로 나섰던 것이다.

---

19 요나 콤플렉스Jonah complex는 모태 귀소 본능을 일컫는 말로, 구약성서에 나오는 요나Jonah의 이야기에서 유래되었다. 『구약성서』 「요나서」에 의하면 예언자 요나는 니느웨(아시리아의 대도시)로 가서 그 도시가 죄악으로 가득 차 하나님의 심판을 받을 것임을 예언하라고 하나님에게 명령을 받는다. 그러나 요나는 하나님의 명령을 거역하고 니느웨와 반대 방향으로 가는 배를 탔다가 폭풍을 만나 3일 동안 고래 뱃속에 갇히게 된다. 고래 뱃속에서 그가 구원을 위한 기도를 올리자 고래는 그를 땅으로 뱉어 내었고, 다시 니느웨로 가라는 명령이 들려온다. 요나는 니느웨로 가서 예언을 했고 이에 니느웨 왕과 모든 사람들이 회개하게 되었다. 이와 같이 요나는 고래 뱃속에 들어갔다 나와 회개하는 인물로, 이 요나의 이야기에서 모태귀소본능母胎歸所本能 증상 즉 요나콤플렉스가 유래되었다. 보통은 소년기 이하 미성년자들에게 잘 나타나는 것으로 과도하게 폐쇄적인 성격을 보이거나 유아기 혹은 아동기의 습관이나 퇴행적인 증상을 보인다. 쉽게 말해 어머니 뱃속 시절을 그리워해 현실에 적응을 못하는 것을 말한다. 한편, 프랑스의 철학자 가스통 바슐라르는 『공간의 시학』이라는 저서에서 요나 콤플렉스에 대해 언급하였다. 즉, 그것은 우리들이 어머니의 태반 속에 있을 때에 우리들의 무의식 속에 형성된 이미지로서, 우리들이 어떤 공간에 감싸이듯이 들어 있을 때에 안온함과 평화로움을 느끼는 것이 바로 이 요나 콤플렉스이다.

20 구레 시게이치吳茂一(1897~1977년)는 일본의 서양 고전학자이자 고대 그리스, 라틴 문학가이다.

21 피테아스Pytheas of Massalia는 그리스의 지리학자이자 탐험가로, 북서부 유럽, 특히 현재 영국 지역인 브리튼 섬을 기원전 325년에 항해 및 탐험하고 "온몸에 그림을 그린 사람들"이라는 Prettanikē라는 표현으로 브리튼의 어원을 만든 사람으로 유명하다. 일찍이 지구가 둥글다는 사실을 발견한 학자이기도 하며, 나아가 브리튼 섬의 셰틀랜드 제도에서 심한 조석 현상을 경험한 고대 그리스의 탐험가 피테아스는 그것이 달의 모양과 관련이 있다는 사실을 알아차렸는데, 보름달이 뜰 때마다 조석 간만의 차이가 최고조로 달하는 사리현상이 나타난다는 것이었다. 해당 기록은 달이 지구의 조석에 미치는 영향을 구체적으로 묘사한 인류 최초의 기록이며, 그 후 아이작 뉴턴이 중력에 대한 해석을 함으로써 달의 인력이 밀물과 썰물에 큰 영향을 미친다는 사실이 수학적으로 증명되는 계기를 마련하였다.

항해가가 늘어나면 폭풍 등에 의한 표류도 늘어날 것이다. 표류담은 오늘날 우리에게도 끝없는 공포를 준다. 이케다 아키라池田皓의 『표민의 기록漂民の記錄』(고단샤講談社 현대신서)에서는 그런 「극한하의 인간 드라마」의 일본 실례를 알 수 있으며, 그 중 압권인 「도쿠죠마루의 비극督乘丸の悲劇」은 히사오 쥬란[22]의 소설 『쥬카치효류기분重吉漂流紀聞』에 근거한 사실史實이다(참고로 히사오 쥬란은 표류담을 좋아했던 작가이다). 이런 표류담은 믿기 어려운 고통을 헤치고 생환한 경우에만 성립하는 것이므로, 여기에서 영웅이 탄생하고 그 영웅을 주인공으로 하는 표류담이 서사시의 형태로 사람들의 입에서 입으로 전해지게 된 것이리라.

바다의 이미지

그런데 중국에서는 바다의 이미지가 앞서 말했듯이 자신의 문명을 지키는 장벽, 인식의 경계라는 소극적인 면만을 지니고 있었다. 그들이 존중하는 것은 오관의 감각이 미치는 촉감이 확실한 관능의 영역이며, 따라서 그것은 경험이 안전하게 사람들을 인도하는 견고한 대지이다. 원래 중국은 그 문명이 오래되고 풍요로웠던 데 비해 신화가 비정상적으로 빈곤한데, 바다에 관한 신화는 더욱 빈곤하다. 또 해안가에 수도가 있었던 적도 없다. 굳이 말하자면 남송의 수도 린안臨安은 지금의 항저우杭州이기에 항저우 만에 임하고 있는데, 지도를 보면 알 수 있듯이, 항저우 만으로 흘러드는 첸탕강錢塘江이 깔때기 모양으

---

[22] 히사오 쥬란久生十蘭(1902~1957년)은 일본의 소설가, 연출가로 홋카이도北海道 하코다테函館 출신이다. 추리소설, 유머소설, 역사・시대소설, 논픽션 소설 등 다채로운 작품을 다루었으며, 박식과 기교적 문체로 다면체 작가 소설의 마술사로 불렸다.

로 부풀어 그 상류의 푸춘장富春江을 인도하는 부근에 항저우가 있다. 바다와 접해 있기는 해도, 바다에 대해서는 극히 조심스러운 입지 조건이라 할 수 있다.

바다의 이미지가 환기하는 로맨티시즘을 거부한 중국인들에게는 그래서 표류담을 골자로 하는 영웅 서사시가 생겨나지 않았다. 신화에 등장하는 영웅들도 오디세이아 형이 아닌 일상생활의 원리를 지도하는 황제와 같이 '문화적 영웅'(가이즈카 시게키貝塚茂樹, 『중국의 신화中國の神話』)이 많았다. 이런 풍토에서 태어난 쿵쯔孔子의 합리주의, 현실주의가 한층 더 이런 경향을 강화했다. 쿵쯔를 시조로 하는 유가가 존중하는 『시경』에는 지극히 평범한 일상적인 현실의 관찰에서 인간성의 본질에 다가서려는 서정시만이 실려 있다. 여기에는 바다에 대한 로맨티시즘과 불안을 불러일으키는 상상력, 심지어 그 상상력이 부추기는 미지의 세계에 대한 모험정신 등이 들어설 여지가 전혀 없었다.

고대에 영웅 서사시를 통해 인간 행동의 극한에 대해 질문했던 유럽인들이 르네상스기에 평범한 인간에게 숨어 있는 인간성의 본질에 다가서려고 근대소설을 성립시켰던 것은 이상에서 언급한 바의 중국의 사정과 정확히 반대로 보일 것이다. 하지만 중국에서 서정시를 통해 인간성을 주구했던 것은 말하자면 유가에 의해 체제화된 문학의 서열이 자연스럽게 요구한 것이었다. 범인이 가질 수 없는 초인적인 힘을 지닌 영웅에 대한 갈망은 민중 차원에서 발생한 송대 설화에서 비로소 실현되었던 것이다. 『서유기』와 마찬가지로 송대 설화에서 발전해 명대에 이르러 집대성된 『삼국지통속연의』와 『수호전』 등도 범상치 않은 영웅호걸에 대한 민중의 동경을 구현한 것이다. 하지만 중국에 그동안 존재하지 않았던 표류담적인 혹은 피카레스크소설적인 이야기의 구조는 이후 중국인들의 마음을 사로잡고 놓아두지 않았다. 그리고 이야기의 구조는 그 내용까지도 결정했던 듯하다.

3. 『유림외사』와 교양소설—인식의 병렬성에 관하여

이야기의 최종 완결성

티보데는 그의 『소설의 미학』에서 다음과 같이 말했다. "소설의 신비한 힘은 창작에 있지 사실을 재현하는 것이 아니다. 작품에 주입하는 하나하나의 세절細節들은 모두 주제와 직접적인 관계가 있어야 한다."[23] 앞서 들었던 미시마 유키오의 소설의 정의도 티보데의 이 말과 표리를 이룬다. 곧 현실과는 비슷하긴 해도 현실과는 다른 차원에서 '최종 완결성'을 갖는 것이 근대 소설에 요청된 새로운 건축학이었다. 그렇다면 소설로서의 작품세계의 '최종 완결성'이란 무엇인가?

앞 절에서 언급한 『서유기』의 81난을 기억해 주었으면 한다. 나는 일찍이 쉬안짱 일행이 인도에 도달할 때까지 거쳤던 81개의 위난危難은 그 수가 분명히 불교적으로는 의미가 있는 것이라 할지라도, 이야기 전체 구조로 볼 때 전혀 의미가 없다고 말한 바 있다. 이것에 대해 좀 더 자세히 설명하도록 하겠다.

『서유기』적인, 혹은 '피카레스크소설'적인 이야기에서의 에피소드를, 가령 ABCD……라고 하자. 이 경우 A, B, C, D 모두 기술記述의 밀도나 길이에 다소의 차이는 있어도 서로 독립적으로 병렬되어 있는 것이 특징적이다. 따라서 ABCD의 순서가 가령 DBCA……로 변화하더라도, 전체에는 영향을 조금도 미치지 않는다. 왜냐하면 A 다음에 B가, B 다음에 C가, C 다음에 D가 와야 하는 논리적 필연성이 없기 때문에, ABCD……라고 하는 서열은 유기성有機性을 갖지 않기 때문이

---

[23] 이 구절의 번역은 일어 원서 쪽보다 중역본(中野美代子(若竹 譯,), 『從小說看中國人的思考樣式』, 北京十月文藝出版社, 1989年.) 쪽이 좀 더 명료해서 중역본을 따랐음을 밝혀둔다.

다. 다시 말하면, 이런 종류의 이야기에서는 에피소드가 ABCD……X든 ABC든 DBCA든 아무런 상관이 없다, 작품 전체의 최종 완결성은 어디에도 없어서 평면적으로 병렬되어 있는 에피소드만이 제각각 자기주장을 하고 있는 것이다. 생각해보면 이것이야말로 소설의 건축학으로서는 가장 단순하고 가장 안이한 것이 아닐까?.

'연환체連環体' 구조의 『유림외사』

청대 중엽인 1746년경 우징쯔吳敬梓의 『유림외사儒林外史』라는 소설이 씌어졌다. 일반적으로 이 소설은 1760년대에 이루어진 차오잔曹霑의 『홍루몽』과 아울러 '청대의 양대 소설'로 병칭되고 있다. 『유림외사』는 이미 형해화된 과거제도와 과거제도에 매달리는 출세에 사로잡힌 지식분자를 통렬하게 풍자한 소설로서 루쉰의 『중국소설사략』 이후 매우 높은 평가를 받고 있다. 나는 이러한 평가에 큰 의문을 품고 있어, 제3장에서 그 견해의 일단을 기술했는데, 어찌 되었든 여기서는 이야기의 구조에 대해서만 이야기하도록 하겠다.

『유림외사』 또한 에피소드의 염주식 연결을 기본 구조로 하는 소설이다. 단, 여기서는 ABCD……의 에피소드가 서로 아무런 유기적 관련성도 없이 병렬되어 있는 것은 아니다. 『서유기』에는 전체를 일관하는 주인공으로 쉬안짱과 쑨우쿵 등이 있으며, 그들이 연이어 발생하는 위난을 딛고 극복했는데, 『유림외사』에는 전체를 일관하는 주인공이 없다. A의 에피소드의 주인공은 a, B의 에피소드의 주인공은 b,……라는 식으로 변화한다. 그렇다면 마치 단편소설집 같지만, [그럼에도] 『유림외사』가 장편소설인 까닭은 다음과 같다. 곧 A의 에피소드에서는 자못 a가 주인공이지만, 어느새 b가 등장해 A의 주제는 멀어지고 B의 에피소드가 되는 것처럼, ABCD……의 에피소드의 이

음매가 마치 사슬고리의 이음매처럼 얽혀 있는 것이다. 이런 형식을 애호했던 이가 고다 로한幸田露伴[24]이며, 로한이 이 형식을 '연환체'라 명명하고 『운명』이라는 소설에서 실천한 것은 이토 세이伊藤整의 『문학 입문』에도 상세히 기술되어 있는 바와 같다.

'견책소설'

『유림외사』에서 '연환체'의 채용은 그 자체로 [작자의] 창견이긴 하지만, 이미 청대에 "그 작자(우징쯔)는 얼마나 많은 인물, 얼마나 많은 사건을 그려내 이야기를 매조지할지 애초에 결정하지 못했을 것이다. 그래서 이 소설은 어디서 끝나도 좋고 반대로 어디서 끝날 수도 없는 것이다."라는 비판이 나왔다. 민국에 들어와서도 후스胡適가 다음과 같이 혹독하게 비판했다. "이런 류의 모둠식 장편소설은 역으로 백화 단편소설의 발달을 저애했다."(「단편소설을 논함論短篇小說」) 후스의 『유림외사』 비판은 형식주의의 관점에서 출발한 것으로, 우징쯔의 장편소설 창작 방법의 느슨함, 안이함을 날카롭게 공격한 것으로 주목된다. 후스 자신도 「단편소설을 논함」을 발표한 두 달 뒤에 나온 루쉰의 단편소설 「광인일기」를 조금도 평가하지 못했다는 측면을 갖고 있긴 하지만, 이 『유림외사』 비판은 정당하다고 본다. 그러나 이런 비판은 『유림외사』를 최고의 풍자소설이라고 높이 평가한 루쉰이 신

---

[24] 고다 로한幸田露伴(1867~1947년)은 일본의 소설가, 고증가이다. 본명은 시게유키成行이고 별호는 가규안蝸牛庵 등 다수가 있다. 에도에서 태어났다. 제국 학사원과 예술원 회원이었다. 『풍류불風流佛』로 평가받고, 『오중탑五重塔』, 『운명運命』 등의 문어체 작품으로 문단의 지위를 확립했다. 의고전주의擬古典主義의 대표적인 작가이자 한문학, 일본 고전과 여러 종교에 정통했고, 많은 수필과 사전史傳 이외에 『바쇼 7부집 평석芭蕉七部集評釋』 등 고전 연구 등을 남겼다. 일본 근대문학을 대표하는 작가 가운데 한 사람이다.

격화된 해방 후, 특히 우징쯔 서거 200년을 성대하게 축하했던 1954년을 정점으로 완전히 무시되고 말살되고 말았다.

『유림외사』의 '연환체' 구조는 이후 소설작가들에게 매력적인 것이 된 듯 유사한 것들이 많이 나타났다. 청대 말기인 금세기에 들어서자 정계나 관계의 추악한 내막을 파헤쳐 비판하려는 소설들이 많이 씌어졌는데, 대부분 '연환체' 구조이거나 피카레스크소설적 구조였다. 리바오쟈李寶嘉의 『관장현형기官場現形記』(1901년)는 전자이고, 우워야오吳沃堯의 『이십년목도지괴현상二十年目睹之怪現狀』(1902년)과 류어劉鶚의 『노잔유기老殘遊記』(1906년)은 후자이다. 어느 쪽이든 에피소드를 염주식으로 연결함으로써 작품세계는 최종 완결성을 갖지 못했고, 따라서 작품세계와 그 모델이 된 현실은 연접되어 있다. 그렇다는 것은, 다른 시각으로 본다면, 작품세계가 현실을 향해 열려 있기에 현실을 지배하는 도덕이 그대로 작품세계를 지배하는 도덕이 되는 것이다. 루쉰이 이상에서 언급한 청말의 소설을 '견책소설'이라 칭한 것은 작가의 사회에 대한 태도에 따른 것이지만 구조상으로도 현실과 연접되어 있는 작품세계라야 견책이 가능했다는 것은 간과할 수 없을 것이다.

중국적인 교양소설

민국에 들어서면서 비로소 새로운 시대, 새로운 세계에 대한 시선이 집중되기 시작했다. 1917년 이른바 문학혁명을 계기로 루쉰은 「광인일기」(1998년)를 발표하여 개별적으로 살아가는 인간 존재의 중대성에 대해 물었다. 그 이후를 중국문학사에서는 신문학이라고 칭하는 것이 보통이다.('신문학'이라는 말에 관해서는 제2장 제1절에서 좀 더 상세하게 기술하겠다.)

신문학 작가들은 주의, 주장의 차이는 있어도, 새로운 시대에서 살고자 하는 청년들의 고뇌에 찬 생활을 그려냈다. 1920년대의 이런 종류의 명작으로는 위다푸郁達夫의 『침륜沈淪』(1921년), 쟝광츠蔣光慈의 『소년 표박자少年飄泊者』(1926년), 딩링丁玲의 『사페이 여사의 일기莎菲女士的日記』(1927년), 예사오쥔葉紹鈞의 『예환지倪煥之』, 마오둔茅盾의 『식蝕』 3부작(1928년), 바진巴金의 『멸망滅亡』(1929년) 등이 있고, 이후에도 바진의 『가家』(1932년), 아이우艾蕪의 『남행기南行記』(1935년), 라오서老舍의 『뤄튀샹쯔駱駝祥子』(1936년), 마오둔茅盾의 『부식腐蝕』(1941년), 바진巴金의 『한야寒夜』(1946년) 등으로 이어졌다. 모두 한 청년이 연이어 일어나는 어려움과 다양한 형태로 대결하는 모습을 주제로 하고 있는데, 연이어 발생하는 어려움들이 『서유기』의 81난과 같이 병렬된 에피소드로 묘사되면서도 [각각의 사건들이] 주인공의 내면 [세계와 서로 유기적인 관계를 맺고 있다는 점에서 독일의 교양소설에 가깝다. 예사오쥔의 『예환지』는 소학교 교사인 니환즈倪煥之의 자아 각성으로 나아가는 고뇌와 반성적인 영혼 이야기로서 빌둥스 로만Bildungs roman[25]에 가깝다고 할 수 있다.

해방 후 중국에는 공산주의적 인간으로서 각성하기까지의 주인공의 영혼의 기록을 담은 소설이 많은데, 이것 역시 주인공이 연이어 일어나는 어려움을 극복하는 형태로 궁극적인 에피소드의 염주식 연결 구조이며, 달리 보면 빌둥스 로만의 변종인 셈이다. 문맹의 노동자였던 가오위바오高玉寶가 해방군에 가담하면서 문자를 배우고 자기 개조해 나가는 과정을 담은 자전自傳 풍 장편소설 『가오위바오高玉寶』(1851년)는 해방 후 중국 식 빌둥스 로만의 전형일 것이다.

---

25 빌둥스 로만Bildungs roman은 나이 어린 주인공이 온갖 역경과 고통을 겪으면서 정신적으로 성장해가는 과정을 다루는 성장소설로 『호밀밭의 파수꾼』, 『톰 소여의 모험』, 『허클베리 핀의 모험』 등이 대표적이다.

일본의 사소설 애호가는 별도로 하더라도, 허구의 장려한 건축물로서의 소설을, 그것도 그 전형으로서의 발자크적 세계를 사랑하는 사람은 틀림없이 에피소드가 염주처럼 줄줄이 이어진, 장편으로도 단편으로도 생각할 수 없는 구조에 참을 수 없음을 느끼게 될 것이다. 하지만 이 구조는 소설로 드러나기에는 서사시의 전통이 없었기 때문에 유럽보다 훨씬 늦긴 했지만, 중국인에게 가장 적합한 이야기의 구조가 아니었을까 생각된다.

4. 『얼해화孼海花』와 『자야子夜』―인식의 다양성에 대한 거부

아쿠다가와・다니자키芥川・谷崎 논쟁

아쿠다가와 류노스케芥川龍之介가 자살하기 직전에 『문예적인, 너무나 문예적인』을 가지고 다니자키 준이치로[26]와 논쟁한 것은 잘 알려

---

26 다니자키 준이치로谷崎潤一郎(1886~1965년)는 일본 탐미 문학의 대가로 '여성'과 '아름다움'을 집요하게 추구하며 그만의 독특한 문학세계를 구축했다. 1886년 도쿄 니혼바시에서 태어났다. 제일고등학교를 거쳐 도쿄제국대학 국문과에 입학하였으나 학비를 마련하지 못해 퇴학당했다. 1910년 『신사조(新思潮)』를 재창간하여 「문신」, 「기린」 등의 작품을 발표하며 문단에 등장했고, 소설가 나가이 가후로부터 격찬을 받으며 작가로서의 지위를 확립했다. 1915년 열 살 어린 이시카와 치요코와 결혼했는데, 시인인 친구 사토 하루오가 그의 부인과 사랑에 빠지자 아내를 양도하겠다는 합의문을 써 『아사히신문』에 실어 사회적으로 큰 파문을 일으켰다. 문화 예술 운동에도 관심을 가진 그는 시나리오를 써 영화화하고 희곡 『오쿠니와 고헤이』를 발표한 뒤 직접 연출하기도 했다. 1924년 『치인의 사랑』을 신문에 연재해 선풍적인 인기를 끌었으나 검열로 중단되었다.
다니자키는 1920년대에 시대를 뛰어넘는 감각적이면서도 파격적인 이야기로 강한 인상을 남겼지만, 우리나라에서는 그리 많이 읽힌 편은 아니다. 우리나라에 알려진 일본의 탐미주의 작가는 가와바타 야스나리 정도인데 두 사람을 비교하면 다니자키 작품의 농도가 훨씬 진하며 아름다움에 탐닉하는 집요함도

진 바이다. 아쿠타가와는 그 중에서, 이렇게 기술했다.

> 나는 이 '구성하는' 힘에 있어서는 우리 일본인이 중국인보다 열등하다고는 생각하지 않는다. 하지만『수호전』,『서유기』,『금병매』,『홍루몽』,『품화보감』등의 장면을 끊임없이 면면히絮絮綿綿 써내려가는 육체적 역량에는 열등하다고 생각하고 있다.

이것은 다니자키가 "일본 소설에서 가장 결여되어 있는 것은 이 구성하는 힘, 여러 가지로 뒤얽힌 줄거리를 기하학적으로 조립하는 재능에 있다"(『요설록饒舌錄』)고 기술한 것에 대한 반론이다. 두 사람의 논쟁은 일본인의 소설을 둘러싸고 벌어진 것이기 때문에 여기서는 개입하지 않겠지만, 아쿠타가와가 중국의 다섯 편의 소설을 인용하여 중국인들에게는 구성의 힘 그 자체보다도 이들의 "끊임없이 면면히絮絮綿綿 써내려가는 육체적 역량"이 있고, 일본인은 그 역량에 뒤떨어진다는 것에 나는 더 흥미를 느낀다(다니자키도 이 점에 대해서는 "육체

강하다. 다니자키가 좀 더 살았다면 일본 최초의 노벨문학상 수상자가 되었을 거라는 말이 허투루 들리지는 않을 정도로 다니자키의 문학세계는 독특하면서도 독보적이다.
1942년 그는 세 번째 부인이자 그가 희구하던 여성인 마쓰코와 그 자매들을 모델로『세설』을 쓰기 시작했다. 간사이 문화에 대한 애정이 짙게 배어 있는『세설』은 몰락한 오사카 상류 계층의 네 자매 이야기, 특히 셋째인 유키코의 혼담을 중심으로 당시의 풍속을 잔잔하게 전하는 풍속소설이다. 1943년『중앙공론』신년호와 4월호에 게재되었고, 7월호에도 실릴 예정이었으나 "시국에 따르지 않는다"는 이유로 발표가 금지되어 전후에야 비로소 작품 전체가 발표되었다. 훗날 마이니치 출판문화상과 아사히 문화상을 받았다. 1948년에는 제8회 문화 훈장을 받았고, 1941년 일본 예술원 회원, 1964년 일본인으로서는 처음으로 미국 문학예술 아카데미의 명예 회원에 뽑혔다. 1958년 펄 벅에 의해 노벨 문학상 후보로 추천된 이래 매년 후보에 올랐으며 1965년에 80세의 나이로 사망했다. 그 밖의 대표작으로는『치인의 사랑』,『만』,『킨쇼』,『열쇠』,『장님 이야기』,『미친 노인의 일기』등이 있고, 무라사키 시키부의『겐지 이야기』를 현대어로 번역하기도 했다.

적 역량의 결핍이 일본 문학의 현저한 약점이다"라고 인정하고 있다).

아쿠타가와는 스스로 확실하게 의식했는지는 알 수 없지만, 중국의 장편소설은 구성력에 의해서가 아니라, "끊임없이 면면히絮絮綿綿 써내려가는 육체적 역량"에 의해 가능했다는 것을 간파하고 있는 것이다. 앞 절에서 든 여러 예들은 아쿠타가와의 날카로운 직관을 여실히 입증하고 있다고 할 수 있다. 가령 『서유기』나 『유림외사』 등은 사실 에피소드의 염주식 연결이라는 단순하기 짝이 없는 구조를 가지고 있을 뿐이지만, 그것들이 자못 일대 압권으로서 우리의 눈에 비치는 것은 다름 아닌 다양한 에피소드를 "끊임없이 면면히絮絮綿綿 써내려가는 육체적 역량" 때문이다.

사실史實의 부연

무엇보다 『서유기』, 『유림외사』 같이 에피소드가 염주식이 아닌 장편소설도 있다. 이를테면, 『삼국지통속연의』나 『수호전』 같은 소설은 무수한 영웅호걸들의 에피소드가 종횡으로 집적된 것으로 [작품 전체의] 구조가 극히 복잡한 혼돈스러운 일대 교향악을 이루고 있다. 그러나 이것은 어느 한 작가가 구상을 해서 그런 구조로 만든 것이 아니라, 설화라는 특수한 연예에서 이야기가 저절로 증식한 결과라는 점에 주목해야 한다. 더욱이 이들 장편소설은 설화로 민중에게 회자되기 이전에 천서우陳壽가 쓴 정사로서의 『삼국지』나 송대에 일어났던 쑹장宋江 등 36명의 호걸들의 반란을 민간에서 정리한 『대송선화유사』가 각각 사실과 기록으로 존재했고, 설화에서 그 기록들을 끝없이 부연시켰다는 사정도 고려할 필요가 있다. 『삼국지통속연의』의 '연의演義'는 '연의衍義'라고도 쓰는데, '의義(史實)'를 '부연敷演(敷衍)'한다'는 의미이다. 뭐가 됐든 이들 장편소설은 성립과정이나 소재 면에서 근대소설 이전의 존재였던 것이다.

이야기 구조에 대한 자각

중국에서 이야기의 구조를 처음 의식적으로 추구한 것은 아마도 청말의 한방칭韓邦慶일 것이다. 1892년에 간행된 그의 『해상화열전』이라는 소설은 대화 부분이 오어吳語(상하이 지방의 방언)로 씌어졌다고 알려져 있는데, 이야기를 구성하는 방법에 독자적인 수법이 담겨 있는 점에도 특색이 있다. 이 소설은 자오푸자이趙撲齊라는 시골에서 갓 올라온 소년이 상하이의 화류계를 들여다보고 그 매력에 사로잡혀 이윽고 화류계에 탐닉하여 영락해 간다는 이야기를 주축으로 삼고 여기에 화류계 명기들의 여러 일화를 엮은 것이다. 서명이 '해상海上(上海)'의 '꽃 같은 명기(花名妓)'의 '열전'이 된 까닭이다.

작자인 한방칭은 「예언例言」에서 이 소설의 이야기 구성에 있어 그때까지 아무도 시도하지 않았던 '천삽장섬법穿揷藏閃法'이라는 것을 창시했다고 자부하고 있다. 간단히 말해서 이야기의 구성상의 재미를 도모하기 위해 어떤 에피소드 전후에 복선을 두는 것을 '장섬법'이라고 하며, 단순하게 이야기의 줄거리를 보여주지 않고, 우회하고 곡절을 두는 것을 '천삽법'이라고 설명하고 있다. 이게 뭐야, 하고 한방칭의 자신감에 쓴웃음을 짓지 않을 수 없는데, 사실은 이런 수법은 지금까지의 소설에서도 얼마든지 볼 수 있었다고는 하지만, 의식적으로 구성상의 수법으로 제시된 것은 이것이 처음이었다. 이 '천삽장섬법'이 실제 작품에서 얼마나 성공적이었는지는 의문의 여지가 있지만, 주제와 그 변주의 짜임새 있는 구성은 올더스 헉슬리가 『연애대위법 Point Counter Point』에서 보여준 방법을 연상하지 않을 수 없다.

몇 가지 에피소드를 세로줄무늬처럼 평행하게 중첩시켜 전체적으로 웅장한 심포니와 같은 조화를 지향하는 구조는 유럽적인 근대사회 안에서만 가능했는데 일본이나 중국에서는 극히 드물었다. 유럽 근대소설에서는 세로줄무늬 에피소드가 상호 긴밀한 관계를 맺고 있으며, 그런 까닭에 심포니적인 전체성이 성립되는데, 중국 근대소설에서는 평행한 세로줄무늬 에피소드의 독립성이 매우 강하다.

일대 로망 『얼해화』

청말 언론인 쩡푸曾樸의 소설 『얼해화孽海花』는 중국에서 아마도 최초로 세로 줄무늬처럼 에피소드를 평행하게 함으로써 사회의 전체상을 그려내려 한 소설일 것이다. 이 소설은 청말인 1905년에 제1권이 나온 후에 띄엄띄엄 간행되어 최종적으로 완결된 것은 1928년인데, 일반적으로는 청말소설로 취급되고 있다. 그 일을 둘러싼 문제는 나중에 생각하기로 하고, 지금은 이 소설의 구성을 제시하겠다. 이 소설은 다음 부분으로 이루어져 있다.

(1) 주인공 진원칭金雯青과 그의 첩 푸차이윈傅彩雲을 둘러싼 애증의 이야기
(2) 국내의 정계와 학계의 내막
(3) 혁명가들, 곧 ① 러시아 허무당, ② 고야마 로쿠노스케小山六之介 등 이른바 '지나 낭인支那浪人', ③ 쑨원孫文 등의 혁명운동

이 가운데 가장 중요한 세로줄무늬는 실제 학자이자 정치가였던 홍쥔洪鈞을 모델로 한 진원칭과 홍쥔의 애첩으로 청말의 명기名妓였던 싸이진화賽金花를 모델로 한 푸차이윈으로, 이 두 사람을 둘러싼 이야기는 무대가 중국뿐만 아니라 유럽과 제정 러시아의 사교계에까지

이르는 탓도 있어 정말 재미있는 일대 로망이 되고 있다.

그런데 루쉰은 이 소설을 앞서 언급했던 『관장현형기』, 『이십년목도지괴현상』, 『노잔유기』와 함께 '견책소설'의 대표작 가운데 하나로 삼았다. 이것은 (2) 부분의 존재를 중시했기 때문이다. 오늘날의 중국에서 『얼해화』에 대한 포폄이 명확하게 갈리는 것도 세 가닥의 세로 줄무늬 중 하나만을 바라보는 경향 때문이다.

한편 『유림외사』의 구성에 대해 비판적이었던 후스胡適는 『얼해화』에 대해 다음과 같이 비판했다. "많은 에피소드들을 모아 연결해 만든 장편이기 때문에 『유림외사』나 『관장현형기』와 똑같은 구조로 결코 사전에 구상한 것은 아니다." 이에 대해 작자인 쩡푸는 이렇게 반박했다. "많은 에피소드를 이어서 장편으로 만든 방식이라 할지라도 그 조직법은 『유림외사』와 확연히 다르다." 후스 또한 (2)에 있어서의 구성법만을 보았던 것이다.

마오둔의 『자야』의 구조

『얼해화』와 아주 비슷한 구조를 가진 소설은 마오둔茅盾의 『자야子夜』다. 이 소설 역시 세 가닥의 세로줄무늬를 평행하게 만든 구조를 갖고 있다. 그 세 가닥의 세로 줄무늬가 무엇인지를 마오둔 자신의 세 가지 설명에 의해 제시하겠다.

  A (1932년 『자야』 후기)
    (1) 농촌의 경제상황
    (2) 시골 마을 주민의 의식 형태
    (3) 1930년대의 『신유림외사』(곧 지식분자의 생태)
  B (1939년 『자야는 어떻게 씌어졌는가』)

(1) 투기시장의 상황
   (2) 민족자본가의 상황
   (3) 노동자 계급의 상황
 C (1952년 『마오둔 선집』 자서)
   (1) 매판 금융자본가
   (2) 반동적인 공업자본가
   (3) 혁명가와 노동자 대중

 이 가운데 A에서는 의도한 것은 이 (1), (2), (3)이라고는 했지만, 결과적으로는 도시생활에 치우쳐 서술했다. 작가가 의도했던 것은 작품이 완성된 후에는 시대의 속박을 받아 임의로 변해辯解할 수 있기에, 이를테면 B의 (2)에서의 호의적 표현이 C의 (2)에서의 적의적인 표현으로 변화할 수도 있는 것이다. 이제 극히 객관적으로 이 소설의 구조를 바라보면 세 가닥 줄무늬란 다음과 같다.

 (1) 민족 자본가와 금융 자본가의 투기 시장에서의 싸움
 (2) 부르주아 지식 청년들의 생태
 (3) 농촌 지주의 생태와 노농운농의 생태

 이 구성은 분명히 『얼해화』의 그것에서 배우고 발전시킨 흔적이 있는데, 작가가 자신의 작품 중의 세 가닥의 평행하는 세로 줄무늬를 설명하는 데도, 이만큼의 차질이 생기는 것에 주목하지 않으면 안 될 것이다.

다면적 인식의 결함

또 다른 예를 들어보도록 하겠다. 제1절에서 다룬 『경화연』이라는 소설을 둘러싸고 다음의 세 가지 설명이 있다. 루쉰은 이것을 작가 리루전李汝珍의 재학才學을 과시한 '재학소설'이라고 칭했고, 후스는 '남녀평등' 사상을 토론한 소설이라고 했으며, 일본의 마츠에다 시게오松枝武夫[27]는 '다른 나라를 편력한 소설'로 규정했다. 이렇게나 간략한 요약으로는 [이 작품을] 읽지 않는 사람의 경우 어떤 게 맞는지 짐작조차 할 수 없겠지만, 이 소설의 내용상의 요소로서는 확실히 이상의 세 가지 평행한 실마리가 존재한다. 다만 이야기의 구조로는 항해 편력담을 주축으로 하고 있기 때문에 마츠에다의 규정이 맞을 것이다. 곧 이 소설은 '이국 편력'을 주축으로 삼고 여기에 작자의 번거로운 정도의 재학을 아로새기고, 나아가 다소 역설적인 '남녀평등' 사상으로 맛을 낸 것으로 요약할 수 있다.

독자는 앞서 들었던 몇몇 사례에서 중국인이 세로 줄무늬처럼 평행하게 존재하는 다면적인 사실을 공평하게 인정하는 것이 몹시 부족하다는 것을 알게 될 것이다. 소설을 예로 들더라도 세로 줄무늬 구조를 가진 것은 『얼해화』와 『자야』가 거의 예외적인 대표작들이다.

---

27 마츠에다 시게오松枝茂夫(1905~1995년)는 일본의 중국문학자로 도쿄도립대학 명예교수를 역임했다. 1930년 도쿄제국대학 중국문학과를 졸업하고 다케우치 요시미竹內好, 다케다 다이쥰武田泰淳, 마스다 와타루增田涉, 저우쭤런周作人 등과 교유했다. 1939년 규슈제국대학九州帝國大學 전임강사, 1941년 조교수가 되었고, 1940년부터 이와나미문고岩波文庫에서 『홍루몽紅樓夢』의 간행을 시작했으나 전쟁으로 중단했다. 1950년 고쿠라시립小倉市立 기타규슈외국어대학北九州外國語大學 교수가 되어 『홍루몽』 번역을 완성했다. 1952년 도쿄도립대학 교수가 되었고 1969년 정년퇴직하여 명예교수가 되었다.

정보의 일원화와 인식의 일원화

근대 시민사회에서 개인은 다양한 얼굴을 갖고 있다. 사회의 조직도 복잡하게 얽혀 있어 권력자의 의지만으로는 단일하게 정리할 수 없는 면을 갖고 있다. 오늘날 일본은 과연 나카네 치에中根千枝[28]가 말하는 '세로사회'의 구조를 여전히 갖고 있는데, 모든 안팎의 정보는 그 가치 여하에 관계없이 과다하게 쏟아져 들어오고 있다.

그런데 중국은 어떤가? 『인민일보』와 기타 정보원을 보면 알 수 있듯이, 이를테면 '인류의 달 착륙'은 알려지지 않았고, 시정의 이른바 '3면 기사'[29]는 존재하지 않으며 마오쩌둥 주석이나 저우언라이 수상을 중심으로 한 지도자의 동정이나 구도적求道的 인민의 몰아적 자기형성 기록만이 전해진다. 이러한 보도기사를 보면 원래 다양해야 할 사회의 여러 사실들이 정보의 관리에 의해 일원화되어 있다는 것을 알게 될 것이다. 오늘날의 중국에서의 이러한 정보의 일원화는 앞서 말한 『얼해화』나 『경화연』 등과 같은 소설에 대한 평가방식과 비슷한 것은 아닐까? 그렇다. 발상의 근원은 하나다.

다양한 일들이 평행하게 존재하고 균형을 이루고 있는 현실의 사상事象을 대했을 때, 세로 술부늬 하나하나의 상호 관계에 눈길을 주지 않으면, 가장 선호하는 색깔의 줄무늬를 뽑아내고 다른 것을 무시하

---

28 나카네 치에中根千枝(1926~2021년)는 일본의 사회인류학자이다. 인도와 티벳, 그리고 일본의 사회조직을 전문적으로 연구했다. 일본의 사회구조를 분석한 『세로사회의 인간관계タテ社会の人間關係』(1967년)는 스테디셀러로 오랫동안 독자들의 사랑을 받았다. 도쿄대학東京大學 명예교수이다. 저서로 『미개한 얼굴, 문명의 얼굴未開の顔・文明の顔』(1959년), 『적응의 조건適應の条件』(1972년), 『중국과 인도中國とインド』(1999년) 등이 있다. 여성 최초의 도쿄대학 교수, 여성 최초의 일본 학사원 회원이며 학술계로서는 여성 최초의 문화훈장 수상자가 되었다.

29 신문의 3면에 주로 실리는 민간에서 일어난 각종 사건들을 말한다.

는 경향을 낳을 것이다. 그리고 뽑아낸 그 한 가닥에 대해서만 정성껏 처리하는 현상의 불균형적 인식을 낳을 것이다.

그로 미루어보면 중국 이야기의 구조는 에피소드의 염주식 연결 방식이 가장 유력한 것이라는 사실을 아주 자연스럽게 이해할 수 있다. 중국에서 역사학이 발전했음에도 반대로 주변국에 대한 관심이 희박했던 것도 아마 이와 관련이 있을 것이다. 일본 또한 에피소드를 염주식으로 잇는 이야기의 구조를 가장 유력한 것으로 보고, 그것을 중국이나 일본 등 동아시아 몬순 지대의 생활의식으로부터 설파한 것이 이토 세이의 『문학입문』인데, 일본의 문화는 그 옛날 헤이안平安[시대로부터 이질적인 문화, 예를 들면 중국문화나 유럽문화와의 다양한 병존이 가능했던 것도 사실이다. 그에 반해 중국의 문화는 그 중화사상에 비추어 볼 때 거의 다른 종류의 문화와의 병존을 허락하지 않았다. 육조시대 불교의 도입, 청말 이후 유럽문화의 표면적인 도입이 얼마 안 되는 예외이다. 곧 중국인이란 중국 문화라는 도저한 흐름을 타고 영원히 시간의 염주를 하나씩 밀어 넘기는 사람들인 것 같다.

5. 단편소설과 장편소설 이야기의 길이에 관하여

길이의 차이와 방법의 차이

앞서 언급한 후스胡適의 「단편소설을 논함論短篇小說」이라는 논문은 『유림외사』와 같은 에피소드의 염주식 소설이 중국에서 백화단편소설의 발달을 저애했다는 것을 탄식한 것이었다. 이 탄식은 당연했다. 그러나 만약 단편소설을 단순히 짧은 소설로 규정한다면, 그 발생 연대는 오히려 '긴 소설'인 곳의 장편소설보다 오래됐다.

당대에 쟁쟁한 문인들이 경쟁적으로 쓴 문언(문어)의 이른바 '전기소설'도 '짧은 소설'이다. 또 송대의 설화에는 '강사講史'와 '소설小說'(인용부호를 사용한 것에 유의하기 바란다)을 포함한 4개 분과가 있었는데, ['강사'와 '소설'을 제외한 나머지 두 개는 여러 설이 분분한데, '강사'는 여러 회에 걸쳐 이야기가 이어지는 것이기에 그 텍스트를 인쇄하면 백화 장편소설이 되고, '소설'은 한 회 뿐으로 이야기가 끝나기에 그 텍스트를 인쇄하면 백화단편소설이 되는 것이다.

강담사 즉 설화인에는 '강사'와 '소설' 각각의 전문가가 있고, '강사' 전문가들은 '소설' 전문가를 경외했다. 왜냐하면 '소설' 전문가들은 "과거의 왕조에서 일어났던 일들을 이야기하는데, 잠깐 동안에 이야기를 설파한다講一朝一代故事, 頃刻間提破"[30]고 하는 특수한 기능을 갖고 있기 때문이다.

여기서 [우리는] '강사'에 속하는 『삼국지통속연의』, 『수호전』, 『서유기』 등이 역사적 사실을 "끊임없이 면면히絮絮綿綿" '부연敷衍'한 것이라는 사실을 떠올리게 된다. 핵이 되는 어떤 사실을 늘어뜨리면 장편소설이 되고, 반대로 '잠깐 동안에 설파하면' 단편소설이 된다고 하는 중국인의 생각에 있어서는 이야기의 길이가 양자의 차이를 결정하는 것 같다. 그리고 사실상 중국에서의 장편과 단편에는 길이 차이만 있을 뿐 방법의 차이는 없다.

에피소드의 집적

'강사'는 여러 회에 걸쳐 이야기가 이어지는 것이기에 이것을 인쇄

---

[30] 이 내용은 『몽량록夢粱錄』과 『도성기승都城紀勝』에 나온다. 루쉰(조관희 옮김), 『중국소설사』(소명출판, 2005년), 297쪽을 참고할 것

하는 경우 '장회소설'의 체제를 취하게 된다. 그 제1회는 대개는 '연기縁起'라든가 '설자楔子'라 칭하여 이야기의 본 줄거리와는 관계없는 인트로덕션이 되는데, 한 회뿐으로 끝맺는 '소설'과 유사한 것이 첫머리에 붙어 있다. 이렇게 시작되는 이야기의 본 줄거리는 한편으로는 누적된(혹은 길게 이어진) 에피소드의 일대 집적이고, 다른 한편으로는 개괄된 누군가의 일생 이야기이랄까, 혹은 그 일생 중의 기이한 에피소드 몇 개이다. 다시 말하면, 『유림외사』속 에피소드를 하나 뽑아내면 그것은 독립적인 단편이 되고, 반대로 『수호전』중의 에피소드를 하나 뽑아내서 부연하면 『금병매』같은 일대 장편이 된다. 이것은 중국 특유의 현상으로 요컨대 중국에서 장편과 단편의 차이는 참으로 마음먹는 대로 만들어낼 수 있는 것可塑的이라 하겠다.

"오늘 밤 달빛이 참 좋다. 내가 달을 보지 못한지 벌써 30여 년이나 되었다. 오늘 보니 정신이 각별히 상쾌하다." 이렇게 시작해서 "아이들을 구해야 한다……"로 끝나는 루쉰의 「광인일기」는 [이런 식으로] 길게 늘이는 게 가능할까? 절대 불가능하다. 왜냐하면 이 소설은 단편이기 때문이다. 실제로 짧을 뿐만 아니라 단편소설의 본질을 두루 갖추고 있기 때문이다.

마찬가지로 루쉰의 「약」또한 단편이다. 그러나 똑같은 루쉰의 「쿵이지孔乙己」는 「광인일기」보다 짧지만, 길게 늘일 여지가 다분히 있다고 생각된다. 「쿵이지」는 그 나름대로 정리된 훌륭한 단편이라 할 수 있는데, '나'의 눈으로 본 쿵이지의 모습은 여러 에피소드들로 구성되어 있으며, 작가는 그 에피소드에 너무 의존하고 있다. 『아Q정전』도 에피소드의 염주식 연결이기 때문에, 늘이고 줄이는 가소성이 좋으며, 실제로 루쉰도 그것을 인정하고 있다.

'사대기서'를 필두로 하는 '강사'의 소설은 오늘날까지 수많은 판본이 전해지고 있다. 그 극단적인 예가 『수호전』으로, 크게 나누어 보자면 서민을 위한 '문간사번文簡事繁'(문장은 간결하고 에피소드는 많은)의 120회본과 지식인을 위한 '문번사간文繁事簡'(문장은 번다하고 에피소드는 적은)의 100회본의 두 계통으로 나뉘는데, 그 밖에도 17세기의 이단적인 문학가인 진성탄金聖嘆이 독자적으로 해석해 대폭 삭제하고 가필한 70회본 등이 있다. 수호전의 텍스트는 매우 복잡해 그 판본 연구만으로 족히 하나의 학문(?)이 될 수 있을 정도인데, 이것 역시 바로 '강사'에서 발생한 장편소설이 에피소드가 누적되고 병렬되어 있을 뿐, 전체를 아우르는 거대한 기구의 건축학이 확립되어 있지 않은 점에서 그 원인을 찾을 수 있을 것이다.

상징으로서의 만리장성

앞서 언급했던 『얼해화』와 『자야』도 병렬되어 있는 세 가닥의 세로줄무늬 가운데 주축을 제거한 다른 두 가닥 중 하나를 떼어내도 전체 구조에는 거의 영향을 주지 않는데, 이 말을 뒤집으면 전체 구조의 건축학이 확립되어 있지 않다는 말이 된다. 『자야』를 쓴 마오둔이 『홍루몽』을 적절히 줄인 『결본홍루몽潔本紅樓夢』을 내기도 하고, 『경화연』의 후반부를 삭제한 저우전푸周振甫의 절본이 나온 것도 그런 까닭에 상당히 중시되고 있는 사정 역시 동공이곡인 셈이다. 유럽의 장편 근대소설에서 이런 것을 생각할 수 있을까? 이를테면, 『결본 전쟁과 평화』라든가, 『절본 카라마조프 가의 형제들』이라든가?

이미 명백하듯이 중국에서의 장편소설과 단편소설의 차이가 그 만한 [장편이든 단편이든 중국 소설들이 갖고 있던 가소성은 그 작품세계의 틀이 확립되어 있지 않았기 때문이]고, 그에 따라 허구의 세계는 현실과 잇닿아 있기 때문에 현실의 모럴이 파고들 여지가 있고, 동시에 작품세계의 최종 완결성이 부족한 것과 관련이 있다.[31] 그 일은

제4장 제1절에서 상세히 기술하겠다.

이제 중요한 것은 이시카와 쥰石川淳[32]이 이미 간파하고 지적했듯이 "누우벨(장편)과 콩트(단편)를 구별하는 것은 양의 차이가 아니라 질의 차이다"(『단편소설의 구성』)라는 기본 원리다. 그리고 그런 의미에서 중국에서 최초로 출현한 단편소설은 의심할 여지 없이 루쉰의 『광인일기』인 것이다.

루쉰 이래로 오늘에 이르는 중국문학사에서 '짧은 소설'은 많이 나타났지만, 단편소설은 열 손가락이 안 될지도 모른다. 아무래도 중국인은 아쿠타가와가 날카로운 직관으로 적절하게 말했듯이 구성력은 떨어지지만(물론 아쿠타가와는 중국인의 구성력이 떨어진다고는 단언하지 않았지만), "끊임없이 면면히絮絮綿綿 써내려가는 육체적 역량"을 가지고 소설이라는 불가해한 세계를 열어온 사람들인 듯하다. 그리고 이것은 왠지 예의 만리장성을 연상케 한다.

---

31 이 문장의 일본어 원문은 문장이 난삽해 직역을 할 경우 그 뜻을 헤아리기가 쉽지 않다. 그래서 중역본도 과감하게 정리를 해서 내용을 요약해 놓았다는 것을 부기한다.
32 이시카와 쥰石川淳(1899~1987년)은 일본의 소설가, 문예평론가, 번역가이다. 도쿄 부東京府 아사쿠사 구淺草區 출생으로 무뢰파無賴派, 독자 고고獨自孤高의 작가라고도 불리며, 에세이에서는 이사이夷齋라는 호로 불리며 사랑받았다. 쥰淳의 본명은 기요시이다. 할아버지로부터 『논어』의 소독素讀[글 뜻을 도외시하고 음독하기]을 받고, 모리 오가이森鷗外에게 열중해 문학에 뜻을 두었다. 도쿄외국어학교 불어과를 졸업하고 『보현普賢』(1936년)으로 아쿠타가와상을 수상했다. 우의적 작품이 많아 전후에는 『소적의 예스燒跡のイエス』(1946년)를 써서 다자이 오사무太宰治, 사카구치 안고坂口安吾와 함께 신희작파新戯作派, 무뢰파로서 인기를 끌었으나, 점차 동양적 경지에서 건필을 휘둘렀다. 일본과 한학, 양학에 걸친 박식을 발휘해 평론·에세이에도 가품을 남겼다.

제2장 인간 인식의 방법

1. 재자와 가인—행복에 관하여

초인에서 보통 사람으로

나는 문학사를 볼 때, 개체 발생은 계통 발생의 반복이라는 생물학상의 소박한 원리를 떠올리지 않을 수 없다. 이를테면, 인간 인식의 방법이다.

유아는 초인적인 힘을 갖춘 영웅의 이야기를 좋아한다. 조금만 더 성장하면 흥미는 지극히 보통의 인성을 갖춘 인산으로 옮겨가지만 극도로 이상화된 힘이나 아름다움을 지닌 인간을 좋아한다. 그리고 한 사람 몫으로 성장했을 때는 이러한 어린이다운 취향은 멀리하고, 가장 보통의 인간에게 숨어 있는 인간성의 복잡한 양상들을 언급하는 것을 좋아한다.

오늘날 우리가 인간을 인식함에 있어 겪는 이러한 개체 발생ontogeny은 사실 인류가 태고 적부터 이어져 온 이야기의 역사라는 필로제니 phylogénie[33]의 끊임없는 재현이라고 해도 좋다.

중국 문학의 역사라는 하나의 필로제니 또한 예외는 아니다. 이를테면 중국에서 초인적 영웅에서 보통 인성을 갖춘 인간으로 흥미가 옮겨진 것은 당나라 때였다. 무엇보다 중국인은 현실주의자이기 때문에 신화적 세계에서 벗어나는 것이 빨랐다. 육조 송대(5세기) 류이칭劉義慶이 편집한 『세설신어』는 중국인들이 그 무렵에 이미 극히 보통의 인간을 둘러싼 색다른 에피소드로 흥미가 옮겨갔음을 보여준다. 그러나 창작된 이야기에서 그것이 표현된 것은 당대였다.

당대의 전기 소설

당대에는 전기소설이라고 불리는 것이 성행했다. "기이한 것을 전하기傳奇" 위해 문인묵객들이 문언文言으로 창작한 소설이다. 사실을 중시하고 허구를 멸시하는 중국에서 고도의 지식인이 소설을 쓴다는 것은 본래 있을 수 없는 일이었지만, 당대에 이르러서는 바이쥐이白居易의 동생 바이싱젠白行簡과 시인으로도 이름난 위안전元稹 등 쟁쟁한 지식인들이 전기소설의 붓을 들었다.

당대 전기소설의 주요 주제는 꿈과 재자가인이다. 꿈을 주제로 한 것 중 가장 유명한 것은 선지지沈旣濟의 『침중기枕中記』와 리궁쭤李公佐의 『남가태수전南柯太守傳』일 것이다. 어느 것이든 주인공이 꾸벅꾸벅 졸고 있는 그야말로 '경각지간'에 영달하여 부와 권력을 손에 넣기까지의 긴 일생을 꿈꾼 뒤 깨어나서 새삼 현실의 무상함을 알게 된다는 이야기다. 한편, 재자가인을 주제로 한 소설은 어떤가? 재자와 가인의 조합은 기사도 서사시에서 기사와 미녀의 조합에 필적할 것이다. 13세기 초 『니벨룽겐의 노래』 속 용사 지그프리트와 공주 크림힐트,

---

33 진화에 따른 생물의 종이나 계통의 분화나 파생의 변천이 개체 발생 과정에서 축소형으로 발현된다는 계통발생론.

『에렉Erec』[34]에서의 왕자 에렉과 그의 비 이니드Enid 등 무훈武勳 있는

---

34 에렉 경Sir Erec은 제레인트 경Sir Geraint을 말한다. 제레인트 경과 그의 아내 이니드Enid의 이야기는 마비노기온의 『게라인트와 에니드Geraint and Enid』에 처음 등장한다. 그리고 12세기의 크레티앙 드 트루아가 이 이야기에 기초하여 『에렉과 에니데Erec et Énide』를 쓰면서 유럽에 널리 알려졌고, 각국에서 수많은 버전들이 그 뒤를 이었다. 어느 날, 아서 왕의 궁정에서 사냥대회가 열렸다. 에렉 경은 기네비어 왕비를 호위하고 있었는데, 그 때 저쪽에서 푸른 금빛 갑옷을 입은 기사가 자기 레이디와 함께 꼽추 난쟁이를 거느리고 지나가는 것이 눈에 띄었다. 기네비어 왕비는 시녀를 보내어 그들이 누구인지 알아오게 하였는데, 뜻밖에도 그 난쟁이가 대화를 거부하며 그 시녀를 향해 채찍을 휘두르는 것이었다. 그래서 그 다음에는 에렉 경이 가서 대화를 시도했는데, 이번에도 채찍을 맞았다. 에렉 경은 크게 모욕을 느꼈지만, 갑옷으로 무장하지 않은 상태였기 때문에 그들과 싸우지 못한 채 그냥 보낼 수밖에 없었다.

에렉 경은 기네비어 왕비의 허락을 받고 그들을 추적하기 시작했다. 마침내 어느 마을에 당도한 에렉 경은, 한 가난한 바바소르vavasor(봉건 영주의 가신 아래의 신하로, 배신陪臣이라 번역된다)의 집에서 묵게 되었다. 본래 그 바바소르는 고귀한 가문이지만 전쟁에서 패배하여 영지를 잃는 바람에 이렇게 가난해졌고, 그래서 하나뿐인 딸마저도 누더기 옷을 입고 지내는 처지라고 했다. 그런데 에렉 경은 그 누더기를 입은 딸의 미모를 보고 사랑에 빠지고 말았다. 그리고 에렉 경이 또 하나 알게 된 사실은, 그 마을에서는 매년 최고의 미녀를 뽑는 대회가 열리는데, 우승자에게는 새매sparrowhawk 한 마리가 상품으로 수여되며, 만약 3년 연속으로 우승한다면 그 새매를 반환하지 않고 가져도 된다는 것이었다. 새로운 레이디가 대회에 출전하기 위해서는, 그녀의 기사가 기존 챔피언의 기사에게 결투로 도전해서 이겨야만 했다. 그리고 하필이면 에렉 경이 추적해온 그 푸른 금빛 기사의 레이디가 2년째 우승한 상태라는 것이다. 에렉 경은 자기가 그 기사를 무찌르고, 바바소르의 아름다운 딸을 우승자로 만들어주기로 마음먹었다.

다음날 에렉 경은 그 푸른 금빛 기사에게 도전해서 결투 끝에 승리를 거두었고, 그 기사는 기네비어 왕비에게 찾아가서 자기 무례에 대한 용서를 빌기로 했다. 그리고 바바소르의 딸은 최고의 미녀로서 우승자가 되었다. 에렉 경은 그녀를 자기 아내로 삼기로 하고, 가족들의 허락과 축복 하에 그녀를 데리고 아서 왕의 궁정으로 떠났다. 그녀는 여전히 누더기 차림이었지만 누구든지 그녀가 고귀한 레이디라는 사실을 알 수 있었다. 기네비어 왕비는 자기 드레스를 내어주며 그녀를 치장했고, 에렉 경은 마침내 그녀와 결혼식을 올렸다. 그리고 결혼 후에야 그녀의 이름이 처음으로 밝혀진다. 이처럼 주요 인물의 이름을 내내 숨기다가, 사랑하는 짝을 만난 후에야 처음으로 이름을 밝히는 것은 크레티앙 문학의 특징 중 하나이다. 그녀의 이름은 에니데Enide.

"에렉이 그의 아내를 맞아들이기 위해서는 그녀의 올바른 이름을 불러주어야만 했다. 제대로 된 이름으로 불리기 전까지는 그의 배우자가 될 수 없기 때문이다. 아직까지 아무도 그녀의 이름을 알지 못했지만 이제 처음으로 밝혀졌다.

기사와 미녀의 조합은 중세 유럽인의 이상이었다. 사가라 모리오相良
守峯[35]에 의하면, "무릇 기사 도덕의 목표인 명예라는 관념에는 무인으
로서의 본래의 직무와 궁중 예절에 의한 부인 봉사라는 두 가지 요소
가 속해 있으며, 이 양자가 조화를 보일 때 비로소 기사의 명예가
성립된다"(『서사시의 세계』)고 한다.

그러나 중국에서는 사회의 엘리트로서의 무인은 존재하지 않았다.
후대 설화의 세계에서 민중의 동경의 대상이 되는 영웅호걸은 있었지
만, 그들은 어디까지나 전란에 [휩싸인] 세상의 주인공, 비상한 시대의
주인공으로 중국 사회의 항상적인 엘리트는 아니었다. 엘리트는 시문
을 다스림으로써 정치에 종사하는 사인士人이었다. 그래서 유럽에서
의 기사와 미녀의 조합은 중국에서는 재자와 가인이 되는 것이다.
다시 말해서 유럽에서는 그리스의 아폴론적인 '무武'가 한층 세련된
남자의 이상으로 여겨졌던 데 반해 중국에서는 공자 이래로 호학지사
好學之士의 '문文'이 남자의 이상으로 여겨졌다고 할 수 있다.

남자의 이상이 '무'이든 '문'이든 이상적인 남자에 어울리는 여자의
이상이 '미'라고 하는 것은 세계의 동서를 불문하고 일치한다. 남자와
여자가 등장해 이야기가 시작되면 지극히 마땅한 인성을 갖춘 인간과

그녀가 세례받은 이름은 에니데였다. When Erec received his wife, he must needs call her by her right name. For a wife is not espoused unless she is called by her proper name. As yet no one knew her name, but now for the first time it was made known: Enide was her baptismal name."(크레티앙 드 트루아의 Erec et Enide 중에서)

[35] 사가라 모리오相良守峯(1895~1989년)은 일본의 독문학자이자 도쿄대학 명예교수이다. 야마가타 현山形県 츠루오카 시鶴岡市 출신이다. 어릴 적 이름은 오노타로鈇太郎였는데, 데츠타로鐵太郎와 헷갈리는 일이 많았기 때문에 23세의 나이에 군수의 허락을 받아 모리오로 고쳤다. 역시 유명한 독문학자인 기무라 긴지木村謹治와 함께 편찬한 『독화사전獨和辭典』은 '기무라・사가라'라 불렸다. 『대독화사전大獨和辭典』의 편찬과 괴테 연구 등으로도 유명하다. 일본독문학회의 창설에 공헌했다.

그 삶의 방식에 대한 새로운 물음이 제기되기에 이른다.

재자가인의 연애 이야기

이를테면 바이싱젠白行簡의 『이와전李娃傳』의 내용은 다음과 같다. 창안長安의 가기歌妓 리와李娃가 [창안으로] 유학 온 형양공滎陽公의 아들과 사랑에 빠지는데, 남자가 낙백落魄의 신세가 되자 모습을 감추고, 농락당한 남자는 걸식을 하는 지경에까지 이른다. 이윽고 전날의 잘못을 뉘우친 리와가 남자를 구해 과거시험에 합격시키고 출세시켜 경사스럽게 결혼한다는 대단원의 이야기이다. 이에 반해 위안전元稹의 『앵앵전鶯鶯傳』(일명 『회진기會眞記』)은 추이잉잉崔鶯鶯이라는 여자와 사랑에 빠진 장성張生이 과거시험을 보기 위해 창안으로 떠났다가 헤어지고 마침내 각각 결혼하여 사랑을 포기한다는 비극적인 이야기이다. 당대 전기소설에 보이는 재자가민의 이야기는 대체로 이 두 가지 패턴 중 하나에 속한다.

이런 종류의 재자가인의 이야기는 훗날 송대 설화와 희곡 세계에서도 유력한 주제가 되었다. 다만 이것은 특별히 중국에만 국한된 것은 아니었으니, 동서양을 막론하고 미남미녀의 사랑이야기는 문학의 가장 유력한 주제로 남아 있었다. 그러나 중국에서 이 주제는 특별한 발전을 했다.

오늘날 중국 문학사는 1919년 문학혁명을 경계로 그 이전과 그 이후로 나누는 것이 정설이다. 그 이후를 '근대문학' 혹은 '현대문학'이라고 부르면 내가 「서」에서 말한 혼란이 일어날 수 있기 때문에, 여기서는 가령 문학혁명 이전의 문학을 구문학, 이후의 문학을 신문학이라고 부르기로 하자. 그리고 구문학에서의 소설을 구소설, 신문학에서의 소설을 신소설이라고 부르기로 한다. 이렇게 나누면, 구소설이나 신소설은 자못 역사 개념인 것처럼 보일 것이다. 그러나 성가신 것은 신문학 시대에 들어서도 신문학 시대에 들어서도 구소설은 여전히 유행하고 민중들이 선호했다는 것이다. 그런 까닭에 여기서 편의상 채택한 이 단어들도 사실은 역사 개념이라기보다는 문화 개념이라고 생각하는 편이 낫다. 문학사에서 시대 구분이라는 것은 때로 의미가 없을 수 있다는 것에 주의하기 바란다.

앞서 들었던 마오둔의 『자야』는 작자 자신의 설명에 의하면, "트로츠키주의자들이 중국에는 자본주의로 발전할 길이 없다고 한 것에 대해 답하기 위해 쓰여졌"던 소설이었는데, 이렇게 긴장된 소설이 씌어지고 중국 자체도 위기와 혼란의 와중에 있던 똑같은 시기에 『제소인연啼笑因緣』이라는 소설이 씌어졌다. 작자는 장헌수이張恨水로 신문에 연재될 때부터 인기를 끌다가 1930년 완결되어 단행본으로 출판되자 압도적인 베스트셀러가 되었고, 영화나 드라마로 만들어지다가 마침내는 '제소인연미啼笑因緣迷(제소인연광)'이라는 말까지 생겨났.

[이것은 판자수樊家樹라는 청년을 둘러싼 세 명의 미녀, 곧 선펑시沈鳳喜, 허리나何麗娜, 관슈구關秀姑의 기구한 이야기로, 비련悲戀과 단원團圓이 교묘하게 직조되었고 적당히 시국적 배경도 가미되어 있다. 1930년의 작품이긴 해도 구소설 스타일이라서 "제9회 싱예星野에서 돌아가는 차歸車를 보내고, 바람 앞에서 머리를 긁으며, 가장歌場에서 속객俗客을 찾고 운무 속에서 꽃을 본다第九回: 星野送歸車, 風前搔髮; 歌場尋俗客, 霧裏看花"라고 하는 문체 격식에, 본문은 물론 백화(구어)이지만, 각회의 말미는 "그녀들이 어떻게 대답했는지 알고 싶다면, 다음 회를 듣고 분해하라"는 식으로 설화의 전통을 묵수하고 있다.

원앙호접파

　이 소설은 전형적인 재자가인 소설인데, 재자가인 소설은 민국 이후 즉 1912년 이후에는 특히 '원앙호접파鴛鴦蝴蝶派' 소설이라 불리며 민중들 사이에서 꾸준한 인기를 유지하고 있었다. '원앙호접파'라는 명칭은 일본의 '세이킨하星菫派'[36]라는 이름과 비슷한데, "별이여, 제비꽃이여, 나비여, 꽃이여" 식의 센티멘탈한 연애소설 작가들이 스스로 이름을 붙인 것이다. 루쉰은 이 파의 소설을 "오입질 교과서嫖學教科書"라고 맹렬하게 비판했는데(『상하이 문예의 일별』), 이런 비판 역시 극히 적확한 것이다.

　그러나 '원앙호접파'의 소설은 그 존재 의의의 유무와 상관없이 또 사회 정세의 변화와도 상관없이 민중 사이에서 애호를 받으며 계속 존재했다. 그것은 어두운 시대에 살았던 민중의 꿈, 존재할 리 없는 '환상' 속의, 그러나 아름다운 꿈이었던 것이다. 중국문학사에서는 1930년대 초라고 하면, 중국좌익작가연맹(좌련)의 성립(1930년), 국민당 정부에 의한 좌련 다섯 작가의 총살(1931년), 마오둔의 『자야』의 완성(1932년)에 대해 특기하는 것이 상례이고, 『제소인연』는 완전히 무시되었다. 그러나 민중의 압도적인 인기가 『제소인연』에 집중되어 있었다는 것은 지울 수 없는 사실이며, 우리는 때로는 문학사 교과서에서 벗어나 그 시점의 현상을 허심하게 바라볼 필요가 있다고 생각한다. 왜냐하면 오늘[날의 관점으로] 본다면 하찮은 현상이라 할지라도 거기에는 예상치 못한 본질이 숨어 있을지도 모르기 때문이다.

36　메이지明治 시대에 별, 제비꽃을 주제로 사랑을 노래한 낭만주의 시인의 한 파로 묘죠파明星派라고도 한다.

원앙호접파 식의 재자가인 소설은 해방 이후 중국에서는 완전히 절멸된 것으로 알려져 있다. 물론 홍콩이나 타이완 문단에는 살아남 았는데, 중국에서는 정말 소실된 것일까. 형식적인 면을 보면 이런 종류의 소설의 구소설적 스타일은 어디에도 남아있지 않다. 그러나 이런 종류의 소설에서 인간 인식은 오히려 해방 후의 중국이야말로 생생하게 계승되고 있는 것은 아닐까?

공산주의적 해피 엔드

1942년에 자오수리趙樹理가 쓴 『샤오얼헤이의 결혼小二黑結婚』이라는 단편소설('짧은 소설'이라는 의미일 뿐이다. 이하 같음)은 그 1년 전에 옌안延安의 문예 좌담회 석상에서 마오쩌둥이 강화했던 이른바 「문예강화」의 정신을 거의 최초로 실천한 것으로 높이 평가되었다. 봉건적 인습이 뿌리 깊게 내린 농촌에서 부모의 반대와 마을 악패惡覇의 훼방으로 연애를 방해받은 샤오얼헤이와 샤오친小芹이 공산당의 은혜로 경사스럽게 결혼하고 마을 악패의 악업도 폭로된다는 얘기다. 이 소설의 모델이 된 실제 사건에서는 청년이 마을 악패의 음모로 죽임을 당하는 비극으로 끝났지만, 자오수리는 혁명의 밝은 전망을 민중에게 보여주기 위해 이를 해피엔딩 이야기로 바꾼 것이다.

또 1950년에 쿵줴孔厥와 위안징袁靜이라는 부부 작가가 합작한 『신아녀영웅전新兒女英雄傳』이라는 장편소설('긴 소설'이라는 의미일 뿐이다. 이하 같음)은 항일전쟁을 배경으로 서로 사랑하는 뉴다수이牛大水와 양샤오메이楊小梅가 마을 악패에게 끌려갔다가, 머지않아 각각 지하조직인 공산당에 입당하고 당원으로 성장하면서 경사스럽게 맺어진다는 얘기다.

또 소설은 아니지만, 최근 일본에서 공연되었던 무용극 『백모녀白毛

女』는 원래 1944년에 옌안에서 초연되었던 가극歌劇이었다. [이것은] 허징즈賀敬之와 딩이丁毅가 루쉰예술학원魯迅藝術學院 공작단과 합작한 것인데, 여러 차례 등장인물의 이상화를 위한 개작이 이루어졌다. 이것도 서로 사랑하는 다춘大春과 시얼喜兒이 마을의 악패에 의해 끌려갔다가 악패에게 강간당한 시얼이 산속으로 도망쳐 악패의 아들을 낳는다(뒤에 강간과 출산 부분은 삭제되었다). 3년의 세월을 산에서 보낸 시얼은 머리가 하얗게 세어버려 유령과 같은 모습이 되어 악패에 대한 복수만을 염원하고 있다. 머지않아 다춘도 가세하는 공산당군이 찾아와 시얼을 구하고 악패는 인민재판에 회부된다.

새로운 선인善人의 상징

물론 이들 이야기에 등장하는 남녀는 과거 재자가인의 이미지를 어디에도 갖고 있지 않다. 오히려 극빈 농민, 사회 최하층으로 짓눌려 있는 무명 대중의 한 사람으로 등장한다. 그러나 그런 남녀가 악인에 의해 사랑이 깨졌을 때, 그들은 선택받은 자로서의 이미지, 곧 현대의 재자가인의 이미지를 갖게 된다. 왜냐하면 압도적 다수의 젊은이들은 인습이나 권력을 거스를 마음조차 갖지 못한 채 봉매하게 운명을 따랐기 때문이다. [사랑이] 깨진 남녀가 연인을 생각하기보다는 그들을 갈라놓은 인습이나 권력을 증오하는 심정 즉 이른바 계급의식을 지향했을 때, 그것은 그들을 결합시키고 인습과 권력을 타도할 새로운 힘 즉 공산당의 존재를 예상하게 한다. 모든 재자가인 소설에는 반드시 그들의 사랑을 돕는 선인과 그들을 갈라놓는 악인이 있어, 그 역학 관계에서 비극이 될지 해피엔드가 될지가 결정되는데, 최근의 중국에서 선인의 상징은 공산당이고, 더욱이 그 공산당이 승리한 게 역사적 사실이니 결말은 이미 자명하다. 그리고 공산당에 의해 구원받은 남녀가 뛰어난 공산당원으로 성장한다는 에필로그에까지 이른다면, 그들이 명백하게 현대의 재자가인라는 사실은 말할 것도 없다.

'원앙호접파' 식의 재자가인 소설을 열광적으로 좋아한 중국인은 그리하여 '원앙호접파' 식의 허울 좋은 것을 걷어내고 그 대신 공산주의적 계급의식을 주입함으로써 결국은 재자가인 소설 이야기의 패턴을 무의식중에 남겨서 전한 것이었다. 그런 관점에서 보자면, 이 이야기에서의 재자가인은 상수적 존재이고, 그들을 둘러싼 선인과 악인은 변수적 존재라고 생각하면 된다. 이 단순한 도식이야말로 대중이 소설에 요구하는 정화작용을 완수하기 위한 필요조건이었던 것이다. 그리하여 사고는 당연하게도 이 도식에서 변수적 존재로서의 선인과 악인으로 옮겨간다.

2. 선인과 악인—가치의 상대성에 대하여

선인과 악인의 도식

다니자키 준이치로의 『오쿠니와 고헤이 お國と五平』는 명작으로 평판이 높은 희곡이다. 등장인물은 겨우 세 명으로, 오쿠니와 고헤이 그리고 도모노죠友之丞이다. 도모노죠는 이 극에서는 악역으로 설정되어 있다. 곧 겁이 많고 비열한 도모노죠가 오쿠니를 짝사랑해 그 남편에게 기습을 가하고 잠적하였기에, 오쿠니가 젊은 사무라이 고헤이를 거느리고 원수 갚는 길을 떠난다. 무대가 되는 야스野州 나스노 가하라那須野が原의 일우一隅에서 오쿠니와 고헤이는 노리고 있던 도모노죠와 조우한다. 대화가 진행되는 동안 표면상의 선악의 대부분이 하나씩 벗겨져 인간성의 본질이 충격적으로 드러난다. 이를테면, 도

모노죠가 고헤이에게 하는 다음과 같은 말……

나는 유부녀에게 마음을 두어 일신을 그르쳤나니, 그대는 똑같은 일을 했는데도 사람들이 그것을 충의롭다 하오. 그대는 불의를 행하면서도 세파를 건너가는 길이 있지만, 나에게는 그런 길이 없소이다. 그대와 같이 사무라이의 길을 터득하고 평소의 마음가짐이 바른 자는 선인이라 하고, 나같이 근성이 비뚤어진, 의기가 없는 자는 악인이라고 세상 사람들은 일률적으로 말들을 하오. 생각해보면 정말이지 악인이란 참으로 손해를 보는 팔자인 셈이라오. 과연 나는 바로 악인이라 사람을 죽였소. 그런데 나는 그 벌[응보]을 받고 있는데, 그대는 나를 죽이려하고 있는데다 그것을 입신의 계기로 삼으려 하고 있소.

생각지도 못한 진실이 폭로되지만, 불의라는 그 진실을 감추기 위해, 오쿠니와 고헤이는 도모노죠를 죽이고 원래의 선과 악의 평정平靜한 도식으로 돌아가 막을 내린다. 이 희곡이 봉건도덕의 위선을 고발한 것이라는 사실은 말할 필요도 없지만, 그보다는 세상 사람들이 순박하게 믿고 있는 선과 악이라는 도식 자체에 숨어 있는 기만성을 파헤친 것이라 생각된다.

선인과 악인이라는 도식은 다시 온토제니ontogeny[개체 발생]와 필로제니phylogénie[계통발생론]의 비유를 사용한다면, 우리의 유년시절에 단순한 권선징악 이야기가 절대적인 교육효과가 있었던 것처럼 우리 선조들의 어느 단계에서는 하나의 윤리적 요청에 의해 발생하여 필수적인 것이 되었다. 하지만 사람들은 시대를 거치면서 그런 선악의 가치기준은 윤리적으로나 법률적으로나 극히 상대적인 것에 불과하다는 것을 알게 된다. 그 뿐만 아니라 그런 가치 규준을 절대화하는 사회는 매우 강력한 체제하에 있다는 것도 알게 된다.

인민문학의 주제

1942년의 「문예강회」 이후의 중국문학은 '인민문학'이라 불리는 경우가 많다. 이 명칭에도 문제가 있지만, 그 문제는 차치하고 '인민문학'에 있어서의 소설은 다음의 두 종류로 크게 나눌 수 있을 것이다.

(1) 해방까지의 인민의 고투를 그린 것
(2) 해방 후 인민의 희열, 자기 개조와 반혁명적 요소와의 투쟁 등을 그린 것

(1)에서는 선인과 악인의 대립이 설명할 필요가 없을 정도로 뚜렷이 도식화돼 있다. 곧 악인은 일본 침략군이고, 한간이고, 군벌이고, 국민당이고, 자본가이고, 지주이다. 선인은 공산당이고, 공산당의 지도를 받는 인민이다. 자오수리趙樹理의 『이가장의 변천李家莊的變遷』(1945년), 쉬광야오徐光耀의 『평원열화平原烈火』(1950년), 쿵줴孔厥·위안징袁靜의 『신아녀영웅전新兒女英雄傳』(1950년), 취보曲波의 『임해설원林海雪原』(1957년) 등이 이 계열에 속한다.

(2)에서의 주제는 다양한데, 해방 후의 일이라 하더라도 공산주의를 절대적인 사상 규준으로 삼고 그 규준을 사회의 모든 가치 규준에 적용한다는 점에서는 마찬가지이고, 이야기의 골자도 당연히 똑같다. 딩링丁玲의 『태양은 쌍간허에 비춘다太陽照在桑乾河』(1949년), 저우리보周立波의 『폭풍취우暴風驟雨』(1949년), 류칭柳青의 『종곡기種穀記』(1949년), 아이우艾蕪의 『백련성강百煉成鋼』(1957년), 진징마이金敬邁의 『어우양하이의 노래歐陽海之歌』(1965년) 등이 이 계열에 속한다.

그런데 절대적인 사상 규준으로 여겨졌던 것도 원래는 '절대적'이라는 것이 있을 수 없기 때문에, 그것에 변화가 생겼을 경우는 어떻게

되는가? 문화대혁명 이후의 예를 하나 들어보도록 하겠다.

『어우양하이의 노래』의 개정

　진징마이의 『어우양하이의 노래』는 열차 사고를 막기 위해 자신을 희생해 열차에 뛰어들어 23세에 죽은 실존 해방군 병사 어우양하이의 짧은 생애를 그린 전기 소설, 혹은 교양소설의 변종이다(전전戰前부터 전쟁 중에 걸친 일본에서도 이런 류의 '미담'이 이야기로 만들어져 교육상의 중요한 재료로 삼았던 것을 상기하기 바란다). 그런데 이 소설 속에서 어우양하이는 사상 학습을 위해 종종 류사오치劉少奇의 『공산당원의 수양을 논함論共産黨員的修養』을 학습한 것으로 돼 있다. 주지하는 바와 같이 류사오치의 이 책은 1939년 간행된 이래로 중국 공산당에서는 마르크스, 레닌, 마오쩌둥의 저작에 다음가는 중요한 학습 문헌이 되었다. 그런 까닭에 어우양하이가 이 책을 자기수양의 지침으로 삼은 것은 당연하다. 이 소설은 1965년에 간행되자 7백만 부를 팔아치우는 일대 베스트셀러가 되었다. 무엇보다 소설계는 62년 이래로 실제 작품으로서는 볼 것이 거의 없는 상태였다.

　1966년에 일어난 분화대혁명에 의해 1959년 이래로 중화인민공화국 주석으로서 국가 원수의 지위에 있던 류사오치가 실각하고, 과거의 명저였던 『공산당원의 수양을 논함』도 반공적 문헌으로 비판받기에 이르렀다. 여기서도 절대적인 사상 규준의 상대화를 볼 수 있다. 소설 『어우양하이의 노래』에서의 절대적인 사상 규준 역시 상실되었다. 그래서 진징마이는 1967년 5월 22일 자 『광명일보光明日報』에 『어우양하이의 노래』의 개정 부분을 발표했다. 이에 의해 구판에서는 어우양하이가 그토록 열심히 읽었던 『공산당원의 수양을 논함』은 개정본에서는 "본 적도 없는 책"으로 우연히 눈에 띄는데, 힐끗 쳐다보기만 할 뿐인데도 어우양하이의 혐오감을 부추겨 창밖으로 내던지는 식으로 고쳐졌던 것이다!

공비共匪와 공산당

한 가지 더 약간 이른 예를 들어보겠다. 앞서 언급한 마오둔의 『자야』에서는 주인공인 대 자본가 가정 내의 대화에서 '공비'라는 말이 자주 나온다. '공비'라는 것은 '공산당 비적 놈'이라는 의미로, 공산당을 가장 매도하는 말일 뿐만 아니라 공산당에 대한 두려움을 담은 말로서 진정 리얼리티 있게 이용되고 있었다. 그러나 해방 후 『자야』 개정본에서는 이 '공비'라는 말은 '공산당' 혹은 '공군共軍'으로 바뀌었다. 그것은 참으로 부득이한 개정이었다. 그러나 1930년 상하이의 대 자본가가 공산당을 '공산당'이라고 부를 리는 없었다! [공산당이라는 정식 호칭]으로 부르는 것은 [대 자본가가] 그것을 인정하는 것이기 때문이다. 하물며 대화에서 '공비'라는 [공산당을] 매도하는 말을 쓰는 것이야말로 [리얼리티가] 살아 있는 것이다. 곧 마오둔은 말의 리얼리티를 죽임으로써 새로운 사상 규준의 절대성에 길을 내준 것이다.

여기에 든 두 가지 예 가운데 『어우양하이의 노래』의 개정은 매우 충격적이며, 『자야』의 개정(『자야』에는 이 밖에도 문제 삼아야 할 개정 부분이 많긴 하지만)은 사소한 것으로 보일 것이다. 그러나 내 시각으로 보자면, 일의 중대성은 일치한다. [두 작품] 모두 가치규준의 변화에 따라 자면字面 상의 수정을 통해 한번 쌓아올린 자신의 작품세계를 파괴한 것이기 때문이다. 곧 이것은 자신의 작품세계, 말로만 쌓아올린 세계에 대한 슬픈 불신이 될 것이다.

문학이 정치를 추종하는 한 선인과 악인의 도식은 절대적 가치 규준에 거꾸로 추적되어 극도로 단순해질 수밖에 없다. 게다가 '절대적'으로 보이던 것이 언제 무가치해질지 예측할 수 없는 곳에 가치 기준의 진정한 상대성이 있다고 한다면, 선인과 악인의 도식 자체는 다니자키의 희곡 『오쿠니와 고헤이』가 이미 고발했듯이, 커다란 기만을 내포하는 것이라고 생각하지 않을 수 없는 것이다.

3. 시먼칭西門慶과 판진롄潘金蓮―욕망의 한계에 대하여

인간의 욕망에 대한 흥미

중국인들이 관심을 초인적 영웅에서 보통 사람으로 옮긴 것은 이미 말했듯이 당나라 때였다. 그러나 당대 전기소설은 지식인인 사인士人이 사인을 독자로 예상하면서 쓴 문어체의 소설이었고, 더욱이 재자가인이라는 극도로 이상화된 주인공을 등장시키는 것이 주를 이루었다. 좀 더 생생한 인간, 어디에나 널려있는 듯한 인간을 주인공으로 삼고 누구나 독자로서 예상하는 소설이 나타난 것은 당나라 때부터 수백 년이 더 지난 명나라 때의 『금병매』가 나오고서부터였다.

『금병매』이야기의 골자는 『수호전』의 일부에서 취했지만, 인간 인식의 방법에 있어서 양자는 본질적으로 다르다. 곧 『수호전』은 초인적인 힘을 가진 영웅호걸의 세계를 그린 것인데 반해, 『금병매』는 어디에나 있는 인간들의 욕망을 극한까지 밀어붙여 묘사한 것이다.

걸출하고 영웅적인 인간이라는 것은 『수호전』에서의 우쑹武松의 엄청난 힘을 말하고, 『어우양하이의 노래』에서의 어우양하이의 숭고한 자기희생을 말하는데, [이것들은] 우리의 감탄과 감동을 불러일으키기는 하지만 인간 탐구라는 관점에서는 그 이상의 흥미를 불러일으킬 수 없다. 그 어느 쪽도 인간성이라는 미궁 같은 본질로 보면 그야말로 황당하기 짝이 없는 바보 같은 힘자랑이랄까, 권력 쪽에서 [보자면 그저] 고마운 설교에 지나지 않는다.

억압으로부터의 완전한 자유

보통의 인간이라는 것은 나 자신이 실제로 그러하듯, 지극히 고귀한 욕망을 위해 생활의 온갖 사소한 일들이 바쳐지고 있는 것이다. 식욕, 색욕, 금전욕, 권력욕, 명예욕 등등. 욕망을 자유롭게 충족시키려고 하면 법률이나 도덕에 저촉되게 마련이기에 어딘가에 제어 장치가 있어 사회 질서를 어떻게든 유지하고 있는 것이다.

그러나 『금병매』의 주인공들은 그런 억제로부터 완전히 자유롭다. 판진롄潘金蓮은 색욕과 금전욕을 채우기 위해 남편 우다武大를 죽이고 시먼칭西門慶의 다섯 번째 부인 노릇을 하며 온갖 음락淫樂을 한다. 시먼칭도 권력과 부와 여자를 손에 넣기 위해 수단을 가리지 않는다. 그들은 욕망의 계단을 멈출 줄 모르고 올라갔던 것이다.—그 결과는 알 수 있다. 곧 아찔한 산의 정상 아래에는 반드시 추락하는 심연이 드리워져 있다는 것. 그래서 법률과 도덕에 얽매어 있는 이 비참한 낮고 습한 땅에 사는 것만큼 평범한 사람에게 안전한 것은 없다. 그것이야말로 견고한 현실이기 때문에 우리는 안전을 위해 체제에 자유를 담보로 내준다. 그러나 욕망의 계단을 멈출 줄 모르고 오르는 인간은 법률이나 도덕과는 또 다른 생존 자체의 순수한 윤리성이 요구되기 때문에, 궁극적으로 그들을 지탱해주던 자유 그 자체에 의해 보복을 당하는 것이다.

시먼칭은 판진롄이 삼키게 한 강한 미약媚藥 때문에 목숨을 잃고, 판진롄은 그녀가 죽인 남편의 동생인 우쑹에 의해 참살 당한다. 물론 이런 결말은 작가가 이 끔찍한 욕망 이야기를 매듭짓기 위한 권선징악적 설교라 여겨진다. 그러나 그런 윤리적 요청이 없더라도 가치 없는 자유의 행선지는 [결국] 파국이다. 이것이야말로 자유로운 것에 구비된 윤리와 논리이며, 『금병매』가 그려낸 가장 전율적인 본질이었다. 그 뿐 아니라 중국의 소설 역사에서 이런 자유의 논리와 윤리를 추구한 것은 전무후무하게 『금병매』밖에 없다.

『금병매』에서 욕망의 자유로운 추구를 이렇듯 극한까지 표현할 수 있었던 것은 명대 상인계급의 대두 때문이었던 것으로 보인다. 중국 사회의 표면상의 중심은 관료와 그 예비군을 포함한 사람들의 계급이었고, 그들의 권력은 유교 규범의 표현으로서의 '문文'으로 상징되었다. '문'은 그 자신, 인간의 욕망에 대한 강력한 제어장치였기에, 사인士人들에게는 자유에 대한 성찰의 길은 처음부터 끊겨 있었던 것이다. 상인 계급은 중국 사회에서 일본과 마찬가지로 최하층에 랭크되었다. 그러나 사회기구가 복잡해질수록 본질과 현상은 전도되기 때문에, 부는 권력을 표면상의 권위를 얼마든지 좌우할 수 있었다. 일본의 도쿠가와 시대의 사무라이와 상인의 관계에서도 마찬가지였다는 것은 말할 것도 없다.

그때까지 만능이었던 '분'의 위력은 그 성실상 쉽사리 상인의 것이 되지는 못했지만, 부는 재능의 여하에 따라 얼마든지 손에 쥘 수 있었고, 또 그 부가 있으면 표면상의 권력 따위는 조금도 두렵지 않았다. 여기서 욕망에 대한 자유의 매우 두려운 모험이 시작되었던 것이다.

금서의 운명

『금병매』에 대한 평가는 실로 다양하다. 음서로서 이를 보는 입장은 당연하게도 가장 많지만, 근년에는 뛰어난 리얼리즘 소설로서 평가하는 것이 보통이다. 당시의 세태 풍속, 등장인물, 특히 여자들의 개성 묘사에 있어서는 흠잡을 데 없지만, 작가가 무엇을 의도했는지에 대해서는 다시 평가가 엇갈린다. 지배계급의 부패와 타락을 폭로하려는 것이라고 높이 평가하는 설과 반대로 그러한 계급적 자각은 없고 오히려 체제 옹호 의식에 근거한, 게다가 저급한 독소로 충만한 것이라고 비난하는 설. 아마도 둘 다 잘못되었을 수도 있다. 작가는 체제를 옹호하는 데서도 비판하는 데서도 완전히 자유로웠다. 그런 까닭에 인간의 욕망에 대한 끝없는 자유와 그 파국을 다 그려냄으로써 모든 체제적 사유에서 결과적으로 자유로워졌던 것이다.

그런 의미에서 『금병매』는 가공할 소설이며, 만일 오늘날 중국 체제 측의 견지에 선다면 이 소설은 어떤 반혁명 서적보다도 위험한 악서라 할 것이다. 다행인지 불행인지 오늘날 중국에서 이 소설은 뛰어난 리얼리즘 소설, 지배계급의 부패와 타락을 폭로한 소설로 평가받는 반면, 표면상으로는 예의 외설 때문에 널리 읽히지는 않고 있다. 하지만 이와는 별도로 『금병매』가 우리에게 던지는 독소와 전율로 충만한 자유의 문제는 모든 권력체제에 영원히 금기시되어야 할 것이다. 그런 의미에서는, 매우 아이러니하게도, 『금병매』를 음서라는 이유로 발매 금지했던 과거 왕조가 훨씬 현명했던 것이다.

샤오샤오성笑笑生과 사드

『금병매』를 읽을 때, 사람들은 프랑스혁명기 전후를 감옥과 정신병원에서 지냈던 사드 후작이 생각나지 않을까? 욕망의 자유로운 충족에 대해서 그것을 실행했을 뿐만 아니라 노골적으로 표현했다는 죄로 유폐되어야 했던 사드는 그 자신이 이미 자유가 궁극적으로 구비된 유폐되어야 할 본질을 구현해버렸는데, 『금병매』의 작가 샤오샤오성

笑笑生 또한 그런 가공할 만한 소설을 자유롭게 쓰면서 그 자신을 유폐시켜야 했다. 샤오샤오성이라는 남자가 누구였는지는 지금까지도 수수께끼로 남아 있는데, 설령 장차 문헌적으로 밝혀지더라도 자유의 본질의 무서움을 알았던 희소한 한 사람으로서 그 생애의 궤적을 우리에게 가르쳐 줄 것은 없을 것이다. 그리고 샤오샤오성이 사드 후작에 뒤떨어진 유일한 점은 실로 서명을 하지 않았다는 것, 권력에 의해 유폐되기 전에 재빨리 자신을 유폐하고 도피했다는 것이다. 이렇듯 작자는 자신을 [통치] 권력에 맡기는 대신 시먼칭과 판진롄에게 인과응보의 보호막[37]을 입힌 단죄를 준 것이었다.

4. 아녀와 영웅, 변신의 논리에 대하여

인간 이외의 것으로부터 인간으로

변신 이야기가 없는 민족은 없다. 이 또한 온토제니[개체 발생]와 필로제니[계통발생론]의 원리를 통해 설명할 수 있는 것으로, 우리는 누구나, 어릴 때에는 절실한 메타모르포시스metamorphosis[변형, 변태]에의 욕구에 사로잡혀 있었던 것이다. 우리 조상이 만들어 냈던 무수한 변신담의 최대 앤솔로지는 그리스의 오비디우스의 『변신 이야기』[38]일 것이다. 오늘날에도 다양한 변신담은 때로 우리의 연약한 실

---

37 원문 '가쿠레미노かくれみの'는 입으면 모습이 보이지 않는다는 상상의 도롱이로 본심이나 본질을 드러내지 않도록 하기 위한 수단의 뜻으로도 비유된다. 방패막이, 핑계, 빙자 등을 의미한다.
38 우리말 번역본은 몇 가지가 나와 있다.
오비디우스(이윤기 옮김), 『변신 이야기 1·2』, 민음사, 1998년.
오비디우스(천병희 옮김), 『변신 이야기』, 숲, 2017년.

존을 위협한다. 자크 카조트Jacques Cazotte[39]의 『악마의 사랑Le Diable Amoureux』[40]이나 프란츠 카프카의 『변신』 등은 그 가운데 뛰어난 작품이라 할 것이다.

중국에서도 그런 변신담은 무수히 많다. 한위漢魏 육조시대의 이른바 '지괴소설志怪小說'(괴이한 것을 기록한 소설)부터 명대 취유瞿佑의 『전등신화剪燈新話』, 청대 푸쑹링의 『요재지이聊齋志異』에 이르기까지, 마치 퍼레이드 같이 [늘어서] 있다. 무엇보다도 중국의 변신담에는 인간이 어떠한 이유에 의해서 인간 이외의 것으로 모습을 바꾸는 패턴은 많지 않고, 귀신(유령)이나 다른 동식물이 인간의 모습으로 둔갑하여 살아있는 인간과 어울리는 패턴이 압도적으로 많다. 곧 그리스 이래로 유럽의 변신담이 인간이 인간 이외의 것으로의 이른바 원심적인 메타모르포시스를 주로 다루고 있는데 반해, 중국의 변신담은 인간 이외의 것이 인간으로의 이른바 구심적인 메타모르포시스를 주류로 하고 있는 것이 주목된다.

---

39 자크 카조트(1719~1792년)는 프랑스의 환상문학의 선구자로 알려졌으며, 디종에서 태어났다. 해군 행정관으로 일하던 그는 시골에서 집필에 몰두하여 마술적 분위기로 주목받는 중세풍의 소설 『올리비에』(1763) 등을 발표했고, 1768년에는 디종 아카데미의 회원으로 선출됐다. 이후 그는 신비주의자 클로드 드 생마르탱의 제자들과 교류했는데, 발랄하고 명랑한 그가 몽상이나 신비주의적 환각에 빠져드는 것에 사람들은 적잖이 놀라곤 했다. 왕당파였던 그는, 혁명의 공포가 휩쓸던 1792년 9월 단두대에서 생을 마쳤다. 대부분의 작품들은 『익살스럽고 교훈적인 작품들』(1776)이라는 전집으로 출판되었다. 『사랑에 빠진 악마』는 1845년, 낭만주의 작가 네르발의 감수성을 통해, 당시 성행하던 환상문학의 맥락 속에서 새로운 생명력을 얻게 된다.

40 우리말 번역본은 김계영 옮김, 『사랑에 빠진 악마』(바다출판사, 2012년)이다. 『사랑에 빠진 악마』는 현실과 신비가 대칭구조를 이루며 사랑과 마술 이야기를 독창적으로 엮어 놓았는데, 문학가들이 하나같이 그의 대표작으로 꼽는 작품이다. 이 작품은 1772년, 발간 당시 크게 성공했지만, 초심자들이 비밀에 부쳐야 하는 신비를 들춰냈다는 비난을 받았다. 실제와 비실제의 문턱, 사실주의와 낭만주의의 경계야말로 환상문학이 펼쳐지는 지점임을 잘 보여 주는 작품이다.

중국인의 목적적[41] 성격

이런 차이가 어디에서 생겼는지 설명하기 위해서는 제1장 제1절에서 언급했던 중국인의 여행의 목적적 성격을 생각해보면 그걸로 충분할 것이다. 곧 유럽인이 늘 인식의 경계를 넓혀 미지의 땅으로, 때로는 무모한 여행이나 모험을 계속해 왔던 것에 반해, 중국인은, 인식의 경계를 오관의 감각이 미치는 촉감이 확실한 관능의 영역에 머물 것을 윤리적으로 요청받았기 때문에, 여행은 결국 적당한 목적을 수반하는 것에만 한정되었다. 모르포시스도 마찬가지다.

인간은 아무리 몸을 늘려 봐도 이 기껏해야 대여섯 자의 키에서 한 치라도 생존 영역을 바꿀 수 없다. 아마도 이것은 유럽인들에게도 명백한 사실이었음에 틀림없지만, 그들은 어떻게 해서든 오관의 촉감이 확실한 관능의 영역에 자신을 가둬 두는 것을 견딜 수가 없었던 것이다. 이 심리적 갈등이 로제 카유아가 말하는 '신화적 정황'(『신화와 인간』)을 발생시켜 인간을 상주常住의 생존 형태에서 다른 미지의 생존 형태로 날아오르게 하는 충동으로 이끌었던 것이다.

그러나 중국인에게는 그런 '신화적 정황'이 일어나는 일은 드물다. 설사 일어난다더라도 중국인들은 비현실적인 존재 형태를 자신들의 인식의 영역으로 끌어들이는 것을 좋아한다. 해골髑髏이나 뱀이나 꽃 등이 요염한 여자의 모습으로 둔갑하여 인간의 남자와 어울릴 때, 남자는 그 품에 안은 여자가 [이물異物이] 화한 것化生이라고는 조금도 의심하지 않는다. 곧 화생이라고 해도 명백히 현실 관능의 영역에 있는 것이다. 다시 말해 유교적 현실주의 규범 하에서는 견고한 인식

---

41 '목적적'이라는 말은 우리말로는 조금 생경하게 느껴진다. 사전적 의미는 "어떤 목적을 가지고, 그것을 중심으로 행동하는 모양"이다. 이대로 풀면 너무 길어져 그냥 원문 그대로 살려 놓았다.

의 경계 내부에서는 작은 균열 하나 생기는 기적은 일어나지 않기 때문에, 기적의 원인은 모두 다른 것에 맡기고, 기적을 명백한 이해가 가능한 쪽으로 이끌고 가면 되는 것이었다.

악으로의 충동

유럽에서 근대소설이 생겨났을 때, 오비디우스 류의 변신담에 대한 기호는 일단 퇴짜를 맞은 것 같다. 관심은 오히려 변신이 이루어지지 않는 흔해빠진 인간의 개성이나 성격으로 옮겨가고 있었다. 이를테면, 서사시적 세계에서는 보편적이었던 선인과 악인의 단순한 도식에 의문을 제기하는 것도 새로운 과제 중 하나가 됐다. 그런 의문은 사실 고전적인 교육이념의 위기가 되었다. 왜냐하면 부단한 자기수양이 이상적 인간에 이르는 첩경이라고 했던 고전적인 교육이념에 대해, 인간에게는 악으로의 강한 충동도 있고, 그 충동은 반드시 윤리적인 제어장치로는 억제되지 않을 수도 있다는 자각이 싹텄기 때문이다. 그 자각이 괴테의 『파우스트』, 도스토예프스키의 『죄와 벌』, 스티븐슨의 『지킬 박사와 하이드 씨』 등을 탄생시켰다. 선인과 악인의 도식의 붕괴는 그런 새로운 변신담을 낳았던 것이다. 오비디우스를 탈피해 새로운 인간인식에 도달했을 때의 그것은 중요한 결절점이 되었던 것이다.

중국에서는 어떤가? 중국인에게는 원래 부단한 자기수양이야말로 이상적인 인간에게 다가가는 것이라는 유교적 도덕성에 대한 지나친 믿음이 있었다. 이것은 인격이라는 것에는 점진적인 진보 발전이 있을 뿐 충격적인 변환이 있을 수 없다는 옵티미즘의 견지에 선 것이다. 해방 후의 중국에서도, 과거의 유교적 모럴이 모택동주의로 바뀌었을 뿐, 이 옵티미즘은 하나였다. 『어우양하이의 노래』 등이 우리의 이해를 넘어서 베스트셀러가 되었던 까닭이다. 하지만 『금병매』 이후의 극히 흔해빠진 인간에 대한 강한 관심은, 그런 옵티미즘을 내쳐버렸던 적도 있었다.

여자에서 숙녀로

청대 말기인 1850년 무렵, 만주 기인旗人 출신인 원캉文康에 의해 씌어진 장편 소설『아녀영웅전』이 출현했다. 정식 제목은『아녀영웅전평화兒女英雄傳評話』인데, '평화評話(또는 平話)'는 옛 설화의 또 다른 이름이다. 또한 이 소설 속에서 작가가 자신을 '설서적說書的'(텍스트의 이야기를 읽어주는 자)라 칭하고, 독자를 '책을 듣는 이들聽書的列公'이라고 칭하고 있듯이, 독자를 예상하고 쓴 소설임에도 불구하고, 마치 객석에 나와 있는 청중을 상대하는 듯한 강담조講談調의 문체의 면목을 잘 보여주고 있다. 일본의 산유테이엔쵸三遊亭円朝[일본의 만담가(1839~1900년)]의 문체와 비교하여 보는 것도 하나의 재미일 것이다.

이 소설의 줄거리는 다음과 같다. 청년 안지安驥는 세상 물정 모르는 여리여리한 도련님인데, 부고한 죄로 임지의 옥에 갇힌 아버지를 구하기 위해 큰돈을 찾아갖고 여행을 떠났다. 큰돈을 노리는 적에 의해 위험에 빠지지만, 스싼메이十三妹(허위펑何玉鳳)이라는 젊은 여협女俠의 도움을 받는다. 스싼메이는 역시나 자신이 구한 자신과 빼닮은 젊은 처자 장진펑張金鳳을 안지의 아내로 삼게 하고, 자신은 진즉부터 찾아 헤매던 부모의 원수를 갚으러 가지만, 적은 이미 처형된 상태였다. 이윽고 스싼메이는 안지의 아내가 된 장진펑의 강력한 권유로 안지에게 시집을 가 둘째 부인이 된다. 결혼 후의 세 사람은 행복 그 자체, 한때는 그렇게도 여리여리했던 안지는 늠름한 남자가 되어,

진사 시험에도 뛰어난 성적으로 합격하여 순조롭게 출세해 인신의 극을 다했던 반면, 결혼 후의 스싼메이로 말하자면 남자가 몇 명이라도 들어 올릴 수 없을 정도의 큰 돌을 들어 올렸던 과거의 괴력은 어디로 가고, 자못 여성스러운 아내가 되어, 진펑과 함께 자식을 낳아 행복하게 지내게 되었다.

어떻든지 간에 시시한 해피엔딩의 여협 이야기라고 하면 그뿐이겠지만, 여기서 주목하고 싶은 것은 안지와 스싼메이의 결혼 이후 각자의 성격 전환이다. 그것을 암시하는 것이 이 소설의 제목이다. 작가는, 이 소설 첫머리의 「연기수회緣起首回」에서 다음과 같이 기술했다.

> 이 '아녀영웅'이라는 네 글자에 대해 요즘 세상 사람들은 이것을 두 종류의 사람과 두 가지 일로 보아, 힘깨나 쓰고 만용을 부리는 것을 영웅이라 하고, 분 바르고 연지 찍고 남색이나 애증에 빠져드는 것을 아녀라 오인하고 있다. 그래서 입만 열면 '누구누구는 영웅의 기개가 부족하고 아녀의 정이 넘친다'고 하거나 '아무아무개는 아녀의 정이 박하고, 영웅의 기개가 장하다'고 한다. 특히 영웅의 지성至性이 있어야만 아녀의 심정을 얻는 데 성공할 수 있고, 아녀의 진정이 있어야 영웅의 사업이 이루어질 수 있다는 걸 모르는가.
>
> "這兒女英雄四個字, 如今世上入大半把他看成兩種人, 兩樁事, 誤把些喪氣角力, 好勇鬪狠的認作英雄, 又把調脂弄粉, 斷袖余桃的認作兒女. 所以一開口便道是 '某某英雄氣短, 兒女情長', '某某兒女情薄, 英雄气壮' 殊不知有了英雄秉性, 才成就得兒女心腸, 有了兒女眞情, 才作得出英雄事業."

곧 작가는 상반되는 두 형상의 융합이야말로 이상적인 인간이라고 말하고 있으며, 그러한 융합의 모습을 그려낸 것이 이 소설의 집필 의도인 듯한 작가는 그 밖에도, '아녀영웅'이라는 말에 대해서 누누이 설명을 시도하지만, 작자의 의도가 어디에 있건 우리 독자들은 '아녀'의 정밖에 없는 남자가 결혼 후 영웅의 뜻을 품고, '영웅'의 힘이 넘치던 여자가 결혼 후 '아녀'의 정을 갖기에 이른다는, 그 전환, 곧 일종의 메타모르포시스가 주제가 되는 부분에 흥미가 끌리는 것이다. 게다가 '아녀'적인 남자에게 짝 지워 주기에 '영웅'적인 여자라는 전반부의 도착적인 설정도 흥미롭다. 그런 남녀의 도착倒錯 이야기는 앞서 언급한『경화연』중 '여아국'에도 등장한다. 곧 여자가 남장을 하고 나라를 다스리고, 남자는 여장을 하고 집을 지키는 이 나라에 와서, 예의 린즈양林之洋이라는 무역상이 하마터면 국왕(여)의 '여관女官'이 될 뻔한 에피소드이다.

행복으로의 구심성

그런데 '아녀'적인 남자와 '영웅'적인 여자라고 하는『아녀영웅전』전반에서의 도착적인 비일상적인 설정이 후반에 이르러 극히 일상적인 상태로 돌아온다는 점에 주목해 주었으면 한다. 이른바 변신담의 중국에서의 일반적인 특색은 비일상적인 존재형태를 일상성에 억지로 끼워 맞추는 것이다. 그리고 메타모르포시스라고까지는 말할 수 없는『아녀영웅전』중의 인격 전환에 있어서도 또한 최종적으로 귀결되어야 할 점은 윤리적으로 요청된 일상성인 것이다. 인식의 방향의 이 가공할 구심성! 현세는 궁극적으로는 행복이다, 아니 행복해야 한다는 옵티미즘이, '아녀'로부터 '영웅'으로, '영웅'으로부터 '아녀'로의 이런 단순한 메타모르포시스에조차 강인한 현실주의의 구심성을 부여하고 있는 것이다. 그럼에도 이 소설이 처음부터 준비된 한 줄기 길을 점차적으로 한결같이 더듬어봄으로써 이상적으로 도달한다고 하는 예의 옵티미즘에 아주 조금이나마 의문을 던진 것은 틀림없다.

덧붙여서, 앞에서 든 쿵줴孔厥와 위안징袁靜의 『신아녀영웅전』은 원캉文康의 『아녀영웅전』의 새로운 발전 형태다. 이 소설이 1950년 간행된 이래로 베스트셀러가 되었다는 사실은 아마도 홍콩, 타이완, 동남아 등의 재외 화교들 사이에서 오늘날에도 여협 영화가 열광적인 인기를 누리고 있다는 사실과 조응할 것이다. 해방 후의 중국인은 『신아녀영웅전』의 히로인 양샤오메이楊小梅에게, '계급적 자각'을 목표로 삼은 농촌의 딸이라는 이미지보다도 용감한 여협의 이미지, 곧 스싼메이의 이미지를 추구한 것으로 보인다. 민중의 심정이라는 것은 이데올로기에 따라 쉽게 변하는 것이 아니기 때문이다. 또한, 다케다 다이쥰武田泰淳의 소설 『스싼메이十三妹』는 원캉의 『아녀영웅전』의 히로인 스싼메이와 마찬가지로 청말에 유행했던 무협소설 『삼협오의』의 남자 주인공 바이위탕白玉堂을 엮어 놓은 기상천외한 줄거리를 가지고 있다. 일독을 권한다.

그렇다고는 해도 오늘날의 독자인 우리는 원캉이 아마도 그렇게 깊은 자각 없이 소설로 시도한 메타모르포시스의 논리의 실험을 읽어야 할 것이다. 왜냐하면, 용감한 여협 스싼메이가 여성스러운 유부녀로 변신한 이 논리에도 중국인들의 인간 인식의 방법, 사고의 방법이 여실히 제시되어 있기 때문이다.

5. 현실 긍정과 이상에 대한 소망—삶의 일회성에 대하여

인생의 두 갈래 길

우리의 삶은 엄격하게 일회적이다. 몇 번이고 겪는 소위 인생의 기로에서 오른쪽과 왼쪽 중 하나의 길을 선택한다면, 비록 그 선택이 정도에서 벗어난다 해도, 지금 하나의 길을 다시 갈 수는 없다. 많은 사람들은 지금 하나의 길을 '다시 가는' 것에 윤리적 안정감을 가지지만, 사실 [그것은 착각일 뿐 과거의 잘못된 길은 취소할 수 없이 실재한다.—소설 작가의 탐욕은 때로 실생활에 닥치는, 날 것 그대로의 일회성이라는 여의하지 못함에 도전한다.

원캉이 『아녀영웅전』을 쓴 지 얼마 지나지 않아 웨이슈런魏秀仁이 『화월흔花月痕』이라는 소설을 썼다. 이 소설은 바로 삶의 일회성에 대한 어쩔 수 없는 도전이었다. 줄거리는 이렇다.

웨이츠주韋癡珠와 한허성韓荷生이라는 두 사람의 관리가 친구끼리 화류계에도 같이 다녔다. 웨이츠주의 단골 기녀는 츄헌秋痕, 한허성의 단골 기녀는 차이츄采秋였다. 인생의 출발에 있어서 이 두 쌍의 남녀는 모두 동등했다. 그러나 불운은 한쪽만을 덮쳐 웨이츠주와 츄헌은 헤어지게 된 끝에 웨이츠주는 객사하고, 그 소식을 들은 츄헌은 뒤를 쫓아 스스로 목을 맸다. 다른 쪽의 한허성은 순조롭게 출세하여 차이츄와 함께 행복한 생애를 보냈다.

작자 웨이슈런은 젊은 시절에 화류가에 놀러가서 춘쉐春雪라는 기녀를 사랑하여 기적妓籍에서 빼내려다 이루지 못해, 정사 직전에 발견되었다가 다시 늘려가 그 후 재회는 이루어지지 않았다. 이 경험이 웨이츠주에게 가탁되어 있는 것이다. 그리고 운이 좋았다면 이렇게 되었을 거라는 이상에 대한 소망이 한허성에게 가탁된 것이었다.

이 소설은 재자가인 소설에 있는 두 종류의 패턴, 곧 최루성의 비극과 경사스러운 해피엔딩을 그대로 조합한 것에 불과하다고 생각된다. 하지만, 그것뿐이라면 작자는 두 편의 이야기를 만들면 충분할 것이다. 한 편의 소설에서, 두 종류의 대척적인 인생을 그려낸 웨이슈런에게는 기존의 것과는 이미 다른 인간인식이 있었던 것이다.

앰비밸런스의 자각

오늘날의 우리는 달이 항상 똑같은 면을 지구를 향해 비추고 있다는 사실을 알고 있다. 곧 달이라는 본질에는 항상 빛나는 현상과 그 이면에 항상 어두운 현상이 갖추어져 있다는 것을. 인간의 본질도 마찬가지 아닌가? 사회적인 상반신은 현상이지만, 육(肉)의 본질은 그 상반신에는 갖추어있지 않다. 그리하여 미와 추, 선과 악, 행복과 불행 등의 다양한 앰비밸런스ambivalence[42]를 너무 많이 보아온 사람은, 비슷한 앰비밸런스가 실은 한 개의 삶에 내재해 있으며 [그 가운데] 어느 한쪽이 현상으로서 겉으로 드러나는 것이라는 사실을 자각할 것이다.

이 자각이 '신화적 정황'에 촉발되어 메타모르포시스로의 소망과 결합할 때, 원만구족해 보이던 인격은 시간적 경과 속에서 갈라져서 이를테면, '아녀'에서 '영웅'으로, '영웅'에서 '아녀'로 충격적인 변신을 하게 된다. 한편 자각이 꼼짝없는 삶의 일회성에 대한 항의와 결합될 때, 하나의 인격은 앰비밸런스를 동시적으로 보완하는 형태로 양분된다. 그런 까닭에 『아녀영웅전』과 『화월흔』이 거의 비슷한 시기에 출현한 것은 조금도 우연이 아니었다.

이 두 소설이 나왔을 무렵 세상은 모두 1940년의 아편전쟁의 패배로 혼란스러웠다. 절대적인 세계의 중심이라고 믿어졌던 중화문명이 다른 문명에게 패했던 것이다. 일원적이어야 할 문명이 실은 이원적이었다는 믿기 어려운 사실의 인식이 생겼기에 인간 인식의 방법에도 큰 변화가 생긴 것은 당연했다.

---

42 이것은 양면성, 양면 가치, 양가 감정 등으로 번역되기에 여기서는 저자의 방식대로 영어 원어를 그대로 두었다.

『홍루몽』의 영향

무엇보다 『아녀영웅전』이나 『화월흔』과 같은 작품이 탄생한 것에 대해서는 그 약 백 년 전에 씌어진 차오잔曹霑의 『홍루몽』의 영향을 생각해 볼 수 있을 것이다. 『홍루몽』의 본질은 뭐니뭐니해도 그 비극성에 있음은 제3장에서 말할 예정인데, 여기서는 이 소설의 주인공 쟈바오위賈寶玉와 그 그림자로 설정되어 있는 쟈바오위와 쏙 빼닮은 전바오위甄寶玉의 존재에 주목해 보기로 한다. '쟈賈'와 '쟈假'는 동음이고 '전甄'과 '전眞'도 동음이라는 동음이의어의 관계를 풀면, 곧 쟈바오위와 전바오위 사이에 드리워진 눈에는 보이지 않는 허실을 잇는 실이 보이게 된다.

유럽에서는 예로부터 도플갱어doppelgänger[43]의 전설이 있었다. 원래는 그리스 신화에 보이는 미소년 나르키소스(나르시스)가 물에 비친 자신의 모습을 사랑하다가 끝내 물에 빠져 죽는다는 전설에서 유래한 것인데, 자신과 같은 모습을 외계에서 보면 죽을 때가 가깝다고 하는 기괴한 전설이다.(또한 도플갱어에 대한 나의 흥미는 소설 『해연海燕』에 충분히 표출한 바 있다).

---

43 도플갱어Doppelgänger는 독일의 도시전설이자 상상의 생물로 Doppel은 둘 Double, Gänger는 다니는 사람goer이란 뜻이다. 통상적으로 같은 시대와 공간에서 타인은 볼 수 없지만 본인 스스로 자신과 똑같은 대상(환영)을 보는 것을 뜻한다. 우리말로 자기분신, 분신복제 등으로 불린다. 도플갱어가 실재 존재하는지에 대해 명확하게 규명된 것이 없어 세계 곳곳마다 상징이나 의미가 조금씩 다르게 속설로 전해지는 경우가 많다. 일반적으로 도플갱어와 마주치면 머지 않아 자신이 죽을 것임을 암시하는 것이라는 속설은 공포영화의 소재로도 많이 사용된다. 현대의학에서는 자신과 똑같은 모습의 환영을 보는 증상으로 자아분열과 같은 정신질환의 일종으로 본다. 정신적으로 큰 충격을 받았거나 현재 자신의 모습이나 반대의 성격을 갈망한 나머지, 스스로 그러한 자신의 환영을 만들어내 보게 된다는 것이다.

그대가 좇고 있는 것은 어디에도 없소. 돌아서 보시라. 하면 그대가 사랑하는 것도 없어질 것이오. 그대가 보고 있는 그것은 반사된 모습의 그림자에 불과하며, 그 자체로는 실체가 없소. 그것은 그대와 함께 오고 그대와 함께 머물러 있으니, 그대와 함께 떠날 것이오.(다나카 히데나카田中秀央[1886~1974년], 마에다 게이사쿠前田敬作[1921~2003년]의 번역에 의함[44])

『홍루몽』 제56회에 쟈바오위가 꿈에 전바오위를 방문하는 장면이 있다. 두 명의 바오위는 상대를 보고 있는 것이 아닌가 하고 놀란다.

전甄: "네가 바오위였어? 이게 꿈은 아니겠지?"
쟈賈: "이게 어떻게 꿈이야? 정말 진짜라고, 진짜!"

'진眞'과 '가假', '꿈'과 '현실'의 대비가 어우러져 멋지게 그려진 장면이다. 그러나 쟈바오위는 역시 꿈을 꾸고 있었던 것으로 눈을 떠보니 거울에 비친 자기 모습을 전바오위로 생각하고 있었던 것이다. 여기서 시녀인 서웨麝月가 말한다.

"어린아이는 혼이 온전하지 않아서 거울에 너무 많이 비춰지면 잘 때 놀라기도 하고 사나운 꿈을 꾼다고 하시면서 말이에요"(이상 대화 부분은 이토 소헤이伊藤漱平의 번역에 의함[45])

거울에 비친 자신의 모습에서 자아를 이분화하는 도플갱어의 환상

---

[44] 우리말 번역은 오비디우스(천병희 옮김), 『변신이야기』(숲, 2005년), 160쪽을 인용했음을 밝혀둔다.
[45] 우리말 번역은 홍상훈 옮김, 『홍루몽』 4(솔, 2012년), 116쪽을 인용했음을 밝혀둔다.

을 낳은 것은 유럽이었다. 도플갱어에 관해서는 다네무라 스에히로種村季弘의 『도플갱어의 방황』이라는 흥미로운 에세이를 참고하기 바란다. 그런데 『홍루몽』의 작자는 이 두 사람의 서로 닮은 미소년에게 상반된 두 운명을 부여하고 있다. 그건 그렇고 시공을 멀리하고 있기는 하지만, 나르키소스와 쟈바오위, 이 이 거울을 보는 미소년이라는, 야릇하게 아름다운 한 조각의 정경은 그 얼마나 파멸의 그림자를 띠고 있는가!

니힐리즘에 서투름

인간은 거울 속의 자신을 보며 자신이 갖추고 있는 현실적인 모습을 낱낱이 긍정한다. 이 현실 긍정은 곧 이상에 대한 소망과 결부된다. 나르키소스는 거울 속에서 현실과 이상이 중첩된 것을 보고 거울에 뛰어들어 파멸했지만, 쟈바오위는 거울 속에서 '참眞'과 '거짓假', '꿈'과 '현실'의 모든 것을 보았던 것이다. 그리고 『화월흔』의 작자는 거울 속의 현실을 현실로서 유보해 놓고도 동시에 그 현실을 순식간에 이상으로 변형시켰던 것이다. 이것은 삶의 엄격한 일회성에 대한 거부이고, 자아의 이문화였다. 하지만 작자가 아무리 자신을 웨이즈수와 한 허성으로 분화시켰어도 최종적으로는 어쩔 수 없는 현실, 즉 삶의 엄격한 일회성에 보복 당했기 때문에 독자는 텅 비고 막막한 허무주의에 봉착하게 된다.

그런데 중국인은 뭐라 해도, 이런 종류의 니힐리즘에는 서투른 민족인 것이다. 그들은 굳건한 이 현실을 가장 먼저 긍정한다. 만약 이 현실이 절망적이라면 일정한 규범에 따라 일상의 꾸준한 자기 수양에 힘써 이상에 접근할 수밖에 없다. 쿵쯔孔子도 그렇게 말했고, 마오쩌둥도 그렇게 말했다. 그런 류의 이상에 대한 소망에 있어서는 나르키소스와 같이 거울을 향해 도약하는 일은 결코 있을 수 없기 때문에, 충격적인 메타모르포시스가 일어나지 않는다면, 도플갱어의 공포도 생겨나지 않는다.

이미 제1장 3절에서 기술한 바와 같이 문학혁명 후 특히 1920년대와 해방 후에 빌둥스 로만 유형의 소설, 즉 현실에서 이상이라는 완만한 층계를 강건한 발걸음으로 오르는 젊은이들의 이야기가 압도적이었던 것은 현실에 대한 긍정과 이상에 대한 소망 사이에서 나르키소스나 쟈바오위가 보았던 허무적인 심연을 인정하지 않겠다고 하는 경향성이 표출된 것이리라. 실제로, 삶의 엄격한 일회성에 항의를 시도하는 사람은 비상만을 그 습성으로 삼고는 머지않아 파멸하는 것이 정해져 있기 때문에, 현대의 중국에서 메타모르포시스의 이야기나 자아의 이분화의 이야기 등은 태어날 수 없는 것이다. 그런 까닭에 청대에 쓰여진 이 소설들은 중국인들의 인간 인식 방법을 알 수 있는 귀중한 작품이라고 생각된다.

제3장 비극과 희극

1. 『홍루몽』과 그에 대한 평가─비극 정신의 결여에 대하여

비극을 싫어하는 중국인

『홍루몽』이 성립된 것은 18세기 중엽인데, 인쇄되어 널리 유포된 것은 19세기 들어서였다. 그 뒤로 이 소설은 '홍미紅迷'라 불릴 정도의 열렬한 독자를 낳는 한편, '음탕함을 가르치는 책誨淫書'으로 관에 의해 금서가 되기도 했다. '홍미'들이 이 소설을 어떻게 읽었는지는 제5장 제1설에서 기술할 예정인데, 대체로 노벨의 밤색에 큰 관심을 두고 있었다. 그런 비문학적인『홍루몽』관을 배척하고 이 소설을 문학으로서 처음으로 자리매김했던 것이 왕궈웨이王國維의 「홍루몽 평론」 (1904년)이다. 여기서 왕궈웨이는 다음과 같이 기술했다.

> 중국인들의 국민성은 현세적이고 낙천적이다. 그런 까닭에 이 정신을 대표하는 희곡과 소설은 그 어떤 것도 이러한 낙천적인 색채를 띠지 않는 것이 없다. 슬픔으로 시작해서 기쁨으로 끝나고, 이별로 시작해서 만나는 것으로 끝나며, 곤경에서 시작해 형통으로 끝난다. 이렇게 하지

않으면 독자의 마음을 만족시키기 어렵다.(이토 소헤이伊藤漱平의 번역에 의함)

이른바 재자가인의 이야기가 해피엔딩으로 끝나는 경우가 많다고 하는 것은 앞서 기술한 바와 같다. 이와 같은 정신 풍토 하에서 '철두철미한 비극'(왕궈웨이)인 『홍루몽』이 나온 것은 진정 드문 일이다. 『홍루몽』의 영향을 받은 소설은 매우 많은데, 그 중에서도 우스꽝스러운 것은, 왕국유도 지적했듯이, 이 소설의 비극의 결말을 이어받아 속작하되 결국에는 해피엔딩으로 몰고간 소설이, 『홍루복몽紅樓復夢』, 『보홍루몽補紅樓夢』, 『속홍루몽續紅樓夢』 등 무려 30여 종 이상이나 나왔다는 사실이다.

또 예의 『아녀영웅전』은 앞서 언급한 바와 같은 새로운 인간 인식을 보여주고는 있지만, 작가의 진정한 의도는 『홍루몽』의 비극적 결말에 대한 크나큰 불만에서 비롯된 일종의 대항의식에 그 뿌리를 두고 있다고 해도 좋을 것이다. 『아녀영웅전』 제34회에 보이는 다음 대목은 비극과 허구에 대한 중국인들의 생각을 전형적으로 보여주는 것이라 생각된다.

이 『아녀영웅전』 속의 안룽메이安龍媒를 예의 『홍루몽』 속의 쟈바오위와 비교해 보자. 모두 똑같은 멋스러운 풍류공자이지만, 가문의 화려함을 놓고 볼 때는 안룽메이는 고작해야 7품 현청의 자식이고, 쟈바오위는 누대의 국공이었던 분의 영손으로 하늘이 내리시는 바는 당연히 쟈바오위 쪽이 두텁다고 말씀드리겠습니다. 그런데 어찌하여 또 쟈바오위는 향시 보는 것을 그토록 싫어하고, 나중에 사랑하는 사람과는 사별하고, 아내와는 생이별하는 운명에 농락당하는 반면 안룽메이는 향시에 그렇듯 마음이 내켜 공명을 이루게 된 것일까?……차오쉐친曹雪芹(차오잔曹霑)의 이 책은 가탁한 쟈 씨 집안에 뭔가 심히 불가해한 원한이라도 있어 그 때문에 쟈 씨 집안의 일족 중 누구 하나 제대로 된 사람을 두지 않고 좋은 말은 한 마디도 내뱉지 않았던 것인지도 모릅니다. 옌베이셴런燕北閑人(원캉의 호)이 지은 이 책으로 말씀드릴 것 같으면, 마음이 아무 것도 없이 비어 있어 오히려 그로 하여금 어디서 잔인하고 도리를 해치는 말을 하게 할 수 있을까요?

就拿這『兒女英雄傳』里的安龍媒講, 比起那『紅樓夢』里的賈寶玉, 雖說一樣的兩個翩翩公子, 論閥閱勛華, 安龍媒是個七品琴堂的弱息, 賈寶玉是個累代國公的文孫, 天之所賦, 自然該于賈寶玉獨厚才是. 何以賈寶玉那番鄕試那等難堪, 后來直弄到死別生離? 安龍媒這番鄕試這等有輿, 從此就弄得功成名就?……曹雪芹作那部書, 不知合假托的那賈府有甚的牢不可解的怨毒, 所以才把他家不曾留得一個完人, 道着一句好話. 燕北閑人作這部書, 心里是空洞無物, 卻敎他從哪里講出那些忍心害理的話來?

우리에게는 아마도 기괴하게도 우스꽝스럽게 느껴지는 이 말이야말로 중국인의 비극에 대한 시각을 잘 보여주고 있다. 행복을 바라는 마음은 누구나 똑같다고는 하지만, 현실에서 비극을 직시하는 것을 싫어하는 나머지 허구적인 이야기에 이렇게 쉽게 해피엔딩을 안겨 버리는 민족은 극히 드물다고 해야 할 것이다. 봉건적 질서 하에서는 젊은 남녀, 중국식으로 말하자면 재자가인의 결합에는 장애가 있는 것이 보통이다. 이것을 해피엔딩으로 가져가려면, '정의의 편' 곧 선인의 등장이 필수다. 그리하여 선인과 악인의 대립이라는 도식이 우세한 곳에서는 비극의 성립이 거의 불가능해 보이게 마련이다.

소설의 교육적 효과

이제 하나 더 중국인은 무슨 일이든 간에 목적적인 행위자이기 때문에, 소설에도 인생의 교훈이 포함되어야 한다는 요청을 받았다. 『금병매』나 『홍루몽』 같은 부류의 소설이 오랫동안 '음탕함을 가르치는 책誨淫書'으로 상부로부터 금지된 것 역시 소설을 현실과는 별개인 허구로 보는 의식이 부족하고, 오로지 실생활에 대한 교육적 효과만을 기대했기 때문이었다.

중국인이 소설을 실제 인생의 교사라고 생각한 것은 새로운 일이 아니다. 그러나 그 사실을 분명하게 이론화한 것은 청말, 곧 금세기에 막 접어들면서였다. 1898년 이른바 무술정변에 실패하고 일본으로 망명한 정치인 량치차오梁啓超는 일본 체재 중에 야노 류케이矢野龍溪[46], 시바 시로柴四朗(도카이 산시東海散士[47]), 스에히로 뎃쵸末廣鐵腸[48] 등의 정치소설에 깊은 감명을 받아 1902년 「소설과 군치의 관계에 관하여關于小說與群治之關係」라는 논문을 써서 소설이 일반 민중에게 미치는 영향이 크다는 것을 설파하고, 정치를 개량하기 위해서는 먼저 소설을 개량해야 한다는 결론을 내렸다. 이로부터 량치차오를 따르는 견해가 속출하고, 그 동안 낮은 지위에 놓여 있던 소설이 민중에 대한 교육적 효과가 크다는 이유 때문에 일약 중요시되었다. 이 일련의 움직임을 보통 '소설계 혁명'이라고 부른다. 소설계 혁명의 주장은 비록 그 논거는 다르지만, 「문예강화」 이후 오늘에 이르기까지의 중국의 소설관과

---

[46] 야노 류케이矢野龍溪(1851~1931년)는 바쿠후 말기 사이키 번佐伯藩의 사무라이로 메이지시대의 관리, 저작가, 저널리스트, 정치가로 활약했다. 태정관대서기관太政官大書記官 겸 통계원統計院 간사, 『유빈호치신문郵便報知新聞』 사장, 궁내성 식부관宮內省式部官, 청국주차 특명전권공사淸國駐箚特命全權公使, 오사카大阪 마이니치신문사每日新聞社 부사장 등을 역임했다.
[47] 도카이 산시東海 散士(1853~1922년)는 메이지부터 다이쇼에 걸친 정치가, 소설가, 군인으로 본명은 시바 시로柴四朗이다. 지바 현千葉縣 출신으로 타이완 군사령관, 도쿄 위수총독衛戌總督이었던 시바 고로가 그의 아우이다.
[48] 스에히로 뎃쵸末廣鐵腸(1849~1896년)는 반 정부 측의 정론가, 신문기자, 중의원 의원, 정치소설가이다.

거의 일치한다. 민중에게 교육적 효과가 없는 소설, 혹은 나쁜 교육 효과밖에 없는 소설은 그 예술적 생명의 유무에 관계없이 말살되어 버렸다. 아니, 처음부터 그런 소설은 어차피 쓸 수 없는 것이었다.

유럽에서는 주지하는 대로 기원전 6세기 경부터 비극이 발달했다. 많은 관객들이 목전의 원형극장에서 배우가 연기하는 신화극의 '극적 상황'이 어느 한 점의 비극적 결말로 수렴되는 것을 보았다. 이것은 현실과는 다른 차원의 것이기 때문에, 그리고 현실로 환원되는 힘을 직관할 수 있는 것이기 때문에, 하나의 예술적 감명이나 쾌감을 가져다주었다. 그런데 중국인들은 인위적인 듯한 '극적 상황'과는 오랫동안 무관했다. 연극이 본격적인 형태를 취하게 된 것은 사실 13세기 원대의 일이다. 당시에도 비극이 연기되긴 했지만, 일반적으로는 행복을 추구하는 예의 이상에 대한 소망을 진정으로 직절하게 허구의 세계로 옮겨갈 뿐이었다. 만약 이야기의 결말이 비극이라면, 앞서 언급한 『아녀영웅전』 속[34회]의 말에서도 볼 수 있듯이, 작자가 아무아무개를 모델로 내세워 비극을 만들어 복수했을 것으로까지 추측하는 형국이 되고 만다. 이런 풍토에서는 애초에 비극이 예술로서 성립하는 게 불가능했던 것이다.

2. 『유림외사』와 그 평가―풍자 정신의 결여에 대하여

한결같은 합리주의

중국인은 한결같은 현실주의자이자 합리주의자이다. 그들에게는 신도 없고, 또 그러므로 악마도 없다

이를테면, 루쉰의 아우 저우쭤런周作人은 일본 문학 및 그리스 문학

등에 대한 깊은 조예로 알려진 문학자였는데, 휴머니즘을 설파한 초기의 에세이 「사람의 문학」에 다음과 같은 대목이 보인다.

> 이를테면, 원시시대는 본래 원시적인 사상만 있기에 마술을 행하고 인육을 먹는 것이 원래 이치에 맞는 것이었다.……하지만 근대사회에서도 여전히 마술을 행하고 사람을 잡아먹고자 하는 사람이 있다면, 그를 잡아다 정신병원에 보내야할 것이다.

마술이나 인육을 먹는 것을 '원시적'이라는 한마디로 단정 짓는 한결같은 합리주의는 오히려 그릇된 위선을 낳을 것이다. 또 실제로도 그러하다. 그리고 논리적으로는, 이런 한결같은 합리주의는 그가 즐겨 입에 올리는 휴머니즘의 근원도 침범하게 된다. 이에 관한 상세한 것은 내가 이미 「카니발리즘 론」, 「마술에 있어서의 중국」(『미궁으로서의 인간』에 실림)에서 기술한 바 있다.

또 저우쬐런이 『자기의 원지自己的園地』에서 『경화연』에 대해 기술한 다음의 대목도 주목할 만하다.

> "내가 유년 시절에 가장 좋아했던 것은 『경화연』이었다. 린즈양林之洋의 모험은 모두가 알아주는 것인데, 하지만 내가 사랑했던 것은 둬쥬궁多九公이었다. 그는 모든 기이한 일들과 기이한 사물에 관한 지식을 갖고 있어서였다.

둬쥬궁이 너무나 박학다식한 탓에 『경화연』의 이국 순례 이야기가 퍼스펙티브가 결여되어 몹시 재미없게 되었다고 기술한 제1장 제1절에서의 나의 설명을 기억해 주었으면 한다.

또 다음으로 천쉐자오陳學昭의 『옌안 방문기延安訪問記』의 한 대목을 들어보겠다. 프랑스에 유학했던 적이 있는 이 여류 작가가 1940년에 옌안의 해방구를 방문했을 때, 한 가정집에서 어린 아이가 닭의 울음소리를 흉내 내다 엄마에게 꾸중을 듣는 것을 마주쳤다.

"엄마 닭은 말을 못 해!" 아이의 엄마는 약간 짜증나는 말투였다. [그러자] "책에 [이렇게] 씌어 있어요. '도련님, 안녕, 안녕!' 엄마 닭이 말을 못한다구요?" 아이는 대수롭지 않은 듯 멍한 듯 물었다.
모두 웃기 시작했다.
왜 현재의 유치원과 소학교 교과서가 이 모양인지. 전혀 조금도 통하지 않고, 조금도 인정에 가깝지 않다.
......
아무튼 이런 그리스 신화 같은 대화가 변구邊區 교육청이 스스로 만든 초등국어교과서에서까지도 아직 답습되고 있는 것이다.

저우쭤런의 문장에는 어쩌면 역설적인 유머가 담겨 있는 것은 아닐까 하고 의심하게 만드는 것이 더러 있지만, [그의] 앞서의 두 문장은 진지해도 너무 진지하다. 게다가 천쉐자오의 문장도 성심성의껏, 유아에게 동물우화를 가르치는 것의 어리석음을 개탄하고 있다. 이 한결같은 합리주의라니! 이렇듯 한결같은 합리주의 정신 풍토에 무슨 웃음의 문학이 있을까?

중국인의 웃음

중국인의 웃음은 연예에서는 '골계희滑稽戱'의 계통으로서 발달하였고, 문학적인 면에서는 그다지 발달하지 않았다. 하기야 중국에도 웃음의 문학이 없었던 것은 아니다. 『소림笑林』, 『소찬笑贊』, 『소부笑府』

등의 소화집을 보면, 중국인의 소화는 어딘가 교훈적인 색채를 띠고 있어, 일본의 에도江戶의 고바나시小咄[소화나 만담에 앞선 짧은 서두의 이야기] 풍의 범속함은 면한 대신 재미가 부족하다는 것을 잘 알 수 있다. 다음의 소화 등은 그래도 괜찮은 편이다.

　　내 '천川' 자밖에 모르는 선생이 제자가 보낸 편지를 받은 뒤 그 가운데서 '천' 자를 찾아 다른 사람에게 가르치려 했다. 그런데 몇 쪽을 넘겨보아도 이 편지에는 [내 '천' 자가] 없었다. 마지막으로 석 '삼三' 자를 찾아내고는 이 글자를 가리키며 큰소리로 외쳤다.
　　"내가 어째서 이 글자가 아무 데도 없나 했지. 원래 이 녀석이 누워 있었던 게야."

내 '천' 자밖에 모르는 선생에게 어떻게 제자가 있는 것일까? 또 그 제자가 어떻게 선생에게 장황한 편지를 썼는지에 대해 어리둥절하는 것이 이 우스갯소리의 재미일 터인데, '川' 자와 '三' 자의 유사성으로 이 선생의 무지함을 비웃는 것에 중국인의 관심이 집중된 것이다. 곧 문인묵객의 이른바 식후에 차 한 잔 마시면서 나누는 에피소드가 소화가 된 것이다.

과거제도에 매달린 남자

18세기 중엽 『홍루몽』에 앞서 씌어진 우징쯔吳敬梓의 『유림외사』는 이미 서술한 바와 같이 루쉰의 『중국소설사략』 이래로 오늘날 중국에서는 높이 평가되어 왔다. 그 평가는 '중국 풍자소설의 최고봉'이라든가 '중국 현실주의 문학의 걸작'이라는 등의 개괄적인 찬사로 요약될 것이다. 이 소설은 이미 형해화 된 과거제도에 매달리는 남자들의 생태를 '연환체' 형식으로 그려낸 것이다. '연환체' 형식이기에 전편을 관통하는 주인공은 없는데, 작자의 시점은 일정하기 때문에, 어떤 에피소드의 주인공을 예로 들어도 좋을 것이다. 여기서는 판진范進이라는 남자의 에피소드를 들어보겠다.

판진은 노모와 처자식을 거느리고 가난의 구렁텅이에서 허덕이며 과거시험 공부를 계속해 왔다. 그렇다고 해도 그에게는 합격할 만한 실력은 전혀 없었다. 그런데 54세가 되었을 때, 무능한 시험관의 뜻하지 않은 과대평가로 인해 원시院試에 합격하여 생원이 되고, 어찌된 영문인지 향시鄕試(정식 과거시험의 첫 단계)에도 합격해 거인이 되고 만다. [판진이] 시장에서 [팔려고 갖고 나온] 닭을 살 사람을 찾아 어슬렁거리는데 어떤 사람이 소식을 알려주어 서둘러 귀가해 보니, 과연 관아로부터 정식 합격 통지가 와 있었다.

판진은 방문榜文을 눈으로 보고 다시 또 소리내어 읽고 하더니 손뼉을 치며 웃어대기 시작했다.
"허! 붙었어! 내가 합격했어!"
이렇게 말하면서 뒤로 넘어지더니 이를 꽉 깨문 채 정신을 잃었다.

어머니가 뜨거운 물을 마시게 해 깨어나긴 했지만, 이번에는 정신이 나가기 시작하는 상황. 그때까지 판진을 바보로 여겼던 그의 장인이 이제 곧 '거인 나리'가 될 판진을 흠칫거리며 따귀를 후려갈겼더니 비로소 제정신이 돌아왔다. 머지않아 판진은 부자가 되어 훌륭한 집으로 옮겼다. 이사한 지 나흘째 되는 날, 판진의 어머니는 부엌에서 식기 등을 설거지하고 있는 여자들에게 말했다.

"자네들 조심조심 다루게. 이게 모두 남의 물건이니 깨거나 망가뜨

리면 안 돼요."

그러자 여자들이 입을 모아 말했다.

"노마님, 남의 거라니요! 모두 마님네 건데요."……

[이 말을 들은 판진의] 어머니는 큰소리로 웃었다.

"하하하, 이게 모두 우리 거야!"

이렇게 말하더니 뒤로 넘어가 쓰러졌다. 갑자기 담이 치솟아 숨이 막혀버렸다.

[이렇게] 판진의 어머니는 죽어버렸다. 하지만 판진의 이야기는 그 외에도 [그 지방] 유지에게 매수되거나, 거인에게 있을 수 없는 무지 무능함을 발휘하거나 하는 식으로 계속 이어지는데, 여기서는 생략한다.

풍자인가, 가식적인 체제비판인가?

만약 허심하게 이 이야기를 읽으면, 독자는 작자 우징쯔가 대략 리얼리즘과는 무관한 부자언스러운 골계문학을 만들어 냈다는 것을 이해할 수 있을 것이다. 판진과 그의 어머니의 기절 장면의 일치―판진의 기절은 그 기쁨이 컸던 만큼 여전히 용인될 수 있다고 해도, 대저택으로 이사한 지 나흘째 되는 날의 어머니의 그와 같은 죽음은 나는 용인할 수 없다. 그 다음 이야기의 앞뒤 관계로 [볼 때] 어떻게든 어머니는 죽었어야 했는지 모르겠지만, 너무나도 우연에 기대어, 게다가 [하나의] 정경으로서도 너무나 리얼리티가 결여된 것 같은 소설을 나는 '리얼리즘 문학은 고사하고 한 편의 에피소드로도 볼 수 없다.

우징쯔가 이 소설을 통해 과거제도를 통렬하게 풍자했다고 하는 것이 정설이다. 이 또한 가소롭기 짝이 없는 속설일 뿐이다. 우징쯔는 과거시험에 합격할 수 없는 판진과 같은 몽매한 남자가 합격하고 있는 그 타락한 과거제도를 비웃고 있는 것이다. 이는 앞서 들었던 내 '천川' 자밖에 모르는 선생을 비웃은 소화와 같지 않은가?

우징쯔 자신으로 말하자면, 청년기에 겨우 원시院試에 합격하여 생원이 되었으나, 가산을 탕진하고 탈속을 자처하다가 세시歲試(생원으로 입학한 학교의 시험. 이것을 통과하지 않으면 향시는 볼 수 없다)에 실패하고 자존심이 상했다. 그 뒤 '박학홍사博學鴻詞'(정식 과거시험 단계를 거치지 않고, 최종 시험에 합격한 진사와 동등한 직급으로 임관하는 특별 시험)에 참여하도록 추천받았는데, 일부러 그 기회를 놓쳐서 나중까지 후회했다. 결국은 겉보기에는 체제에 반역적인 탈속의 선비로서 『유림외사』 한 편을 내놓고 궁핍 속에 생을 마감했던 것이다.

과거제도의 원래 이념은 실력 제일주의에 있다. 문벌을 타파하고 실력 있는 자를 관에서 발탁해 정치에 참여시키는 제도는 그 한도 내에서라면 훌륭한 것이었다. 그러나 이 실력 제일주의라는 것은 어리석은 시험지옥을 낳고 제도 자체를 타락시킬 게 뻔했다. 몽매한 판진 같은 경우가 요행으로 합격하는 일도 드물지 않았기 때문이다.

그래서 우징쯔처럼 자존심이 강하여 자신의 의지를 굽히지 않고 어딘가에 매이지 않는猖介不羈 남자가 보기에 과서제도는 본래의 이념으로 되돌아가야 했다. 그렇게 되면 판진 같이 몽매한 사내가 정치에 참여할 수 없게 되고, 우징쯔 자신과 같은 뛰어난 식견의 소유자만이 정치에 참여하고 강력한 권력체제를 유지할 수 있기 때문이었다. 이런 생각을 밀고 나가면 사회질서는 옛 요순이나 공자 등이 지향했던 것처럼 지배하는 쪽과 지배하는 쪽으로 양분될 것이고, 본래 지배를 받는 쪽에 있어 얌전하게 백성 노릇이라도 하고 있으면 되는 판진 등이 우매한 시험광이 되어 지배하는 쪽에 가담하는 일은 애당초 언어도단이 될 것이다. 사회질서 중의 엄격한 틀이야말로 우징쯔의 이상이었는데, 그 틀이 모호해지고 질서가 유지되지 않는 것을 그는 극력 조소했던 것이다. 곧 우징쯔야말로 권력체제 참여를 갈망하면서도 끝내 그것을 이루지 못한 사내였다.

풍자가의 가면

마슈 호자트[49]는 말했다. "풍자가는 다른 사람의 가면을 벗기기 위해 가면을 쓴다"(『풍자의 예술』) 그런데 우징쯔는 다른 사람의 가면을 벗기기 위해 자신의 진면목을 드러냈다. 스위프트는 아일랜드의 빈곤을 구하기 위해서는 가난한 아이를 잡아먹는 것이 최선이라고 제언했는데, 그 때의 그는 체제 측의 지배자, 경제학자, 교육자 등의 가면을 뒤집어썼다. 그렇기 때문에, 스위프트의 제언은 오늘날의 우리조차도 전율케 한다. 하지만 우징쯔가 드러내는 진면목은 체제가 본래 갖추고 있는 합리주의만을 지향하고 있으며, 그래서 그의 강한 자존감과 우매한 백성에 대한 조소는 리얼리티가 결여된 한 조각의 희화화에 지나지 않는 것이다. 우징쯔도 스위프트 같은 가면을 썼으면 좋았을 것이다.

한결같은 합리주의자는 앞서 인용한 저우쭤런이나 천쉐자오와 마찬가지로 모든 사물을 인식의 영역으로 억지로 끌어들였다. 뒤쥬궁의 박학다식으로 인해 『경화연』에서의 이국 순례는 일체의 퍼스펙티브가 결여되어 모험이 아닌 게 되고, 동물 우화를 부정하는 잘못된 인문주의 때문에 모든 인식은 그것을 가탁하는 장치를 잃어버리고 동등하게 같은 평면에 병렬되어 버렸다. 그런 세계에서는 가면은 불필요한

---

[49] 마슈 호자트는 이란 출신으로 풍자와 유머를 주제로 활동하는 작가이다. 그의 작업은 종종 문화적, 정치적 맥락에서 유머와 풍자의 역할을 탐구했다.

대신 비판도 풍자도 존재하지 않는 것이다. 존재하는 것은 단지 골계화된 희화戲畵뿐이다. 그리고 중국 작가가 가면을 썼을 때 어떤 비극이 발생하는지를 라오서 작가의 예로 다음과 같이 말하고 싶다.

3. 『묘성기』와 그에 대한 평가—한 작가의 운명에 대하여

라오서의 『묘성기』

지난 문화대혁명이 일단락되었을 무렵, 라오서老舍가 홍위병의 혹독한 비판을 받고 자살했다고 하는 소식이 전해 왔다. 라오서가 어떤 비판을 받았는지는 이미 미야모리 츠네코宮森常子가 「베이징사범대학 혁명 대비판조의 라오서 『묘성기』 비판」(『아시아 리뷰』 제4호, 1970년)에서 상세하게 소개한 것을 참고하기 바란다.

『묘성기』는 1932년에 라오서가 쓴 풍자소설이다. 줄거리는 다음과 같다.

'내'가 탄 비행기가 화성에 불시착하고, '나는 화성에 사는 '묘인猫人'에게 사로잡혀 생활을 함께 한다. 묘인국猫人國의 백성들은 게으르고, 불결하고, 무지하다. 이들은 외국에서 수입한 '미엽迷葉'을 '국식國食'이라고 하는데, 이 미엽이야말로 묘인국 문명에 있어서는 만능의 가치를 가지고 있다.

'나'는 다예大蠍라는 미엽 수림의 대지주에게 고용되어 그 숲의 파수꾼이 된다. 다예의 아들 샤오예小蠍는 묘인국의 여러 가지 모순을 인식하고 있고, 미엽을 먹는 것에도 회의적인 인텔리지만 결국은 '부연敷衍'(임시방편으로 표면만 잘 다듬는 것[50])할 수밖에 없다고 말한다.

민중은 묘인국의 위기도 모르고 느긋하게 하루하루를 살아가고 있고, 일부 학생들은 '마조馬祖(마르크스를 빗대서 부른 것)주의 만세'라는 슬로건만을 외치며 '홍鬨'(떠들어댄다는 의미. '홍紅'과 동음으로 공산당을 빗대고 있다)이라는 이름의 단체가 끊임없이 떠들고 있다. 이윽고 외국 군대가 침입해 와 묘인국은 송두리째 전멸하고, '나'는 프랑스 탐험기의 도움으로 영광스러운 중국으로 돌아온다.

『경화연』은 뛰어난 풍자소설인가?

이런 류의 이야기는 중국에는 거의 예가 없고, 단지 『경화연』의 일부와 미국에 망명 중이던 린위탕林語堂이 영어로 쓴 일종의 미래소설 『예기치 않은 섬The Unexpected Island』(1955년) 등이 있을 뿐이다. 지금 '이런 류의 이야기'라고 했는데, 에에 대해서는 이토 세이伊藤整의 다음의 글에서 설명을 하기로 하자.

> 만약 작자가 현상의 내부에서 인식한 질서를 그것이 발생한 현상과 별개의 질서를 갖는 현상 속으로 옮겨 놓을 때, 그것은 가공적인 미래사회의 이야기가 되기도 하고, 가탁적인 역사 이야기가 되기도 하고, 동물의 이야기가 되기도 한다. 그리고 작가의 인식이 발생한 원래 현상의 본질을 이루는 질서가 인간성의 자연스러운 조화에 반하는 것일 때는, 이러한 가탁이나 교체에 의해 그 특색이 의식적으로 확대되고 강조된다.······곧 원래의 현상과 그로부터 추출된 질서와 가탁된 별개의 이야기, 이 세 가지를 동시에 조작함으로써 만들어지는 것이 풍자적 작품이라고 생각된다.(『풍자의 발상』)

---

50 이것은 저자의 풀이인데, '부연'의 사전적인 의미에는 "억지로 유지하다. 그럭저럭 버티다", 곧 되는 대로 하루하루를 적당히 살아간다는 의미가 있다.

『경화연』에 등장하는 '여아국女兒國'은 제2장 제4절에서 소개한 바와 같이 남녀의 지위가 도착된 나라이다. 이 가운데 문아文雅한 남자 린즈양林之洋이 붙잡혀서 '국왕'의 '궁녀'가 되기 위해 전족을 할 때 고통을 참아내며 엉엉 우는 장면이 있다. 중국인의 발에 대한 집착은 비정상적이라 할 수 있는데, 만약 이 장면이 성을 도착시킨 재미만을 노린 것이라면, 그것은 하나의 희화화에 그친다. 그러나 이 장면이 현실의 중국에서 남녀의 지위의 극단적인 불평등과 전족의 잔혹성에 대한 인식으로의 환원을 예상하고 쓴 것이라면, 이것은 풍자가 될 수 있다. 현대 중국에서는 『경화연』 중 특히 이 장면을 『유림외사』의 영향을 받은 뛰어난 풍자라고 높이 평가하고 있다. 그렇다 하더라도 이 부분은 풍자에 필수적인 가탁 장치를 갖추고 있음에도 '원래의 현실을 인식할 예정'인지 여부가 매우 모호하고, 따라서 『경화연』을 뛰어난 풍자소설이라고 단정하기에는 아직 한 가지 의문이 남는다. 왜냐하면 당시 중국인들에게는 전족을 잔혹한 풍습이라고 생각하기보다도 에로티시즘에 불가결한 것이라고 생각하는 게 남녀를 불문하고 보편적이었기 때문이다. 그러나 어찌 되었든 『경화연』의 방법은 유림외사의 그것과는 털끝만큼도 연결되지 않는다.

중국 민중의 양면성

그런데 베이징사범대학 혁명 대비판조의 라오서의 『묘성기』 비판은 전술한 줄거리에서 쉽게 상상할 수 있듯이 중국 인민을 우롱하고 마르크스주의와 중국 공산당을 모욕했다는 점에 가혹하게 집중되어 있다.

라오서는 1924년부터 1929년까지 영국에서 지냈는데, 그 기간 동안 중국의 격동, 이를테면 '5·30사건', 국공합작군의 북벌, 장졔스의 반공 쿠데타에 의한 혁명의 좌절 등을 겪지 않았다. 그리고 라오서가 1926년 이래로 발표한 소설은 『장 씨의 철학老張的哲學』, 『조자왈趙子曰』, 『마부자馬父子』 등 어느 것이나 동란의 시대와는 무관하게 그날 그날을 '부연敷衍'하고 자기 본위에 살아가는 민중의 모습을 유머러스하게 그린 작품들뿐이었다. 격동의 시대에는 그 시대의 첨단을 절실히 살아가는 사람들이 있는 것도 사실이라면, 그런 격동은 외면하고 혹은 묵묵히, 혹은 유쾌하고 즐겁게, 혹은 부루퉁하게 사는 사람들이 있는 것도 사실이다. 라오서가 『묘성기』를 썼던 1930년대 초반은 이미 제2장 제1절에서 기술한 바와 같이 긴박한 혁명운동이 많은 희생을 치르며 권장되었던 한편, 『제소인연啼笑因緣』과 같은 재자가인 소설이 일대 베스트셀러가 되거나, 라오서의 초기 소설에 등장하는 건성으로 살아가는 민중이 많이 있었던 것도 사실이었다(나는 전시 중의 일본을 생각할 때 너무나도 긴장하고 있던 일본인과는 반대로, 전쟁터에서조차 중국 민중의 이러한 양면성이 있었다는 사실이 오히려 위대한 탄력이 되었을 거라고 상상한다). 모든 현상에 부속물처럼 따라붙는 양면성은 결코 보고 싶지 않은 면도 포함하고 있지만, 동시에 그것을 외면한다면 역사를 잘못 보게 될 것이다.

현실로부터의 거리

그런데 시대의 냉정한 인식자는 흔히 격동에는 참여하지 않는 법이다. 인식의 시좌는 격동의 와중으로부터 거리를 두고 있기 때문에, 그 와중에 [빠져] 허덕이는 사람들처럼 정서적이지 않고, 전체 전망이 좋은 반면 고답적이고 시니컬하다. 우리는 이와 같은 시니시즘도 존중해야 한다. "소원해지는 줄 모르는 냉소에 사로잡혀, 사물을 감정이 아닌 이성으로 보고, 회의주의 속에 갇혀 있던 인간의 가면"(앙드레 브르통[51], 『조나단 스위프트』)을 가지고 있던 스위프트는 그야말로 가냘픈 인간의 시니시즘의 영원한 무서움을 체현하고 있다.

라오서도 그런 작가였다. 현실과의 거리를 유지하려는 의식이 허구의 작품세계를 만들어내는 강력한 계기가 되었던 것이다. 하지만 『묘성기』는 풍자소설로서는 기술적 결함을 상당 부분 지니고 있었다. 라오서 자신도 이 소설을 실패작으로 인정했다. 그래도 가공의 나라에 현실을 가탁하고 이것을 냉정하게 조망하려고 했던 라오서의 의식만은 중국인들이 진정 해낼 수 없는, 그렇기 때문에 희유의 것인 만큼 높이 평가할 필요가 있다고 생각한다.

라오서가 『묘성기』를 쓴 1932년 린위탕林語堂은 잡지 『논어』를 창간해 '유머'를 제창했고, 루쉰과는 극렬하게 대립했다. 루쉰은 더 이상 '유머'가 통용되는 세상이 아님을 냉엄하게 지적하고 있었기 때문이다. 사실 1931년 '9·18 사변'에 이어 이듬해인 1932년 '만주국'의 성립을 필두로 일련의 일본의 중국 침략은 1937년 '루거우챠오蘆溝橋

---

51 앙드레 브르통André Breton(1896~1966년)은 초현실주의를 주창한 프랑스 시인, 작가, 평론가, 편집자로 화상畵商이기도 하다. 노르망디 지방의 탱슈브레에서 태어났으며, 열네 살 때부터 시를 쓰기 시작했다. 파리대학교 의과대학에 진학하여 1차 세계대전 기간에는 신경정신과 군의관으로 복무했다. 프로이트, 상징주의, 다다이즘에 영향을 받았으며, 1919년 루이 아라공 및 필리프 수포와 함께 『리테라튀르』를 창간하고 수포와 함께 쓴 최초의 자동기술(오토마티슴) 시 「자장磁場」(1920)을 발표했다. 1923년 '초현실주의 그룹'을 결성하고, 1924년 「초현실주의 선언」을 발표했으며, 1929년 『나자』를 출간했다. 그 밖에 중요한 작품으로 시집 『땅의 빛』, 산문 작품 『연통관連通管』, 꿈과 현실의 관계를 탐구한 『무모한 사랑』 등이 있으며, 『길 잃은 발걸음』, 『정당방위』, 『초현실주의와 그림』, 『초현실주의란 무엇인가?』, 『들판으로 가는 열쇠』 등 많은 이론서와 평론을 썼다. 1930년에 발표한 두 번째 「초현실주의 선언」은 초현실주의의 철학적 의미를 탐구했다. 공산당과 결별했지만 마르크스주의의 이상에는 여전히 매료되었던 브르통은 1938년 멕시코에서 레온 트로츠키와 함께 「독자적 혁명 예술을 위하여」를 작성하고 "예술의 완벽한 독립"을 선언했다. 2차 세계대전 동안 프랑스가 독일에 점령당했을 때 비시 정권이 브르통의 글을 금지하자 미국으로 망명하여, 1942년 세 번째 「초현실주의 선언」을 발표했다. 1946년 다시 프랑스로 돌아왔으며, 1966년 9월 28일 세상을 떠났다.

사변'으로 의한 전면전 개시까지 한 걸음 남았던 것이다. 그리고 라오서 자신으로 말하자면 현실과 거리를 두는 시니시즘을 조금씩 포기하기 시작해 1936년의 명작 『뤄퉈샹쯔駱駝祥子』에 이르렀던 것이다. 이 소설에서 라오서는 사회 최하층에서 필사적으로 살아가는 불쌍한 인력거꾼의 모습을 그려냈다. 이 인력거꾼은 루쉰이 그의 대표작 『아큐정전』에서 그려낸 아큐의 강한 자존감을 갖지 못한 대신, 철저한 근로의욕을 가지고 있었다. 그리고 항상 시대에 배신당하고 있었다. 샹쯔祥子를 그리는 라오서에서는 전래의 냉소와 시니시즘은 사라지고 그 대신 암흑의 시대에 헌신하려는 새로운 자세가 보인다. 이 또한 작가의 한 길이었다.

라오서 비판의 두 가지 오류

베이징사범대학 혁명 대비판조에 의한 『묘성기』 비판에는 두 가지 큰 오류가 포함되어 있다.

첫 번째 오류는 라오서가 이 소설에서 '위대한 중국 인민'과 '위대한 중국 공산당'을 모욕하고 있다고 비판한 것이다. 이 비판은 해방 전 중국에는 혁명적인 인민밖에 없었다는 잘못된 전제에 서서 앞서 말한 것과 같은 현상의 양면성을 외면하고 있다. 어느 나라에나 여러 가지 인민이 모순을 안고 혼재하고 있고, 그렇기 때문에 혁명의 길의 어려움이 있었던 것은 아닐까? 곧 논리적으로는 '위대한 공산당'의 지도가 있었기에, 모순투성이의 인민이 오늘날의 '위대'에 도달했다고 할 것인데, 이들의 비판은 중국 공산당의 위대함을 부정할 수도 있는 역사 인식을 이끌어낼 우려가 있다. 사람들은 이런 비판으로부터 전쟁 중의 일본의 저 어리석은 국수주의를 떠올리게 되지 않을까?

두 번째 오류는 이 비판이 작가의 창작의 길에 있어서 다양한 과정

(시행착오라 해도 좋을)을 완전히 부인하고 있다는 것이다. 이것은, 다시 말하면, 작가의 도정에 있어서의 움직일 수 없는 일회성을 부정하고 있는 것이기도 하다. 라오서의 1930년대 전반까지의 소설은 이미 서술한 대로 현실의 냉정한 인식자, 시니컬한 관찰자로서의 눈으로 구축되었다. 그 안에는 당연하게도 『묘성기』와 같은 기술적인 실패작도 포함된다. 그러나 그런 과정이 없다면, 그 뒤 라오서의 걸작 『뤄퉈샹쯔』, 『사세동당』 등은 절대로 태어나지 않았을 것이다. 만약 『묘성기』가 부정된다면, 작가로서의 라오서의 생애도 모두 부정되어야 한다. 그러나 아무리 부정당해도, 그의 작품은 지금 우리 곁에 남아 있다. 과거의 시간은 부정하려 해도 그 엄격한 일회성 때문에 부정할 수 없기 때문이다. 마찬가지로 그런 비판 또한 이미 지울 수 없는 시간 위에 기록되었던 것이다.

우리는 또한 라오서와 같은 이유로 비판을 받았고, 문화대혁명 이후에는 소식이 끊긴 작가들이 많다고 들었다.

베이징사범대학 혁명 대비판조에 의한 『묘성기』 비판을 소개한 미야모리 츠네코宮森常子는 먼저 이 소설의 줄거리를 기술한 뒤 "라오서가 왜 오늘날 비판을 받아야 하는 이런 내용의 소설을 썼는가"(방점은 지은이)라고 썼다. 이 말 노한 격동하는 중국의 와중에 있는 비판자들의 정치적 입장에 성급하게 헌신하고 문학의 무엇인가를 잊어버린 망언이라고나 할까?

라오서는 1920~1930년대의 현실을 냉철하게 관찰하고 '유머'를 견지하며 그려내려고 했다. 그의 태도는 그로 하여금 풍자소설이라는, 중국인에게는 희유의 영역에서의 실험을 시도하도록 했다. 그러나 이것은 기술적으로 실패했다. 『묘성기』에 대해 우리가 이야기해야 할 것은 바로 이 지점이다. 라오서가 만약 진정으로 자살한 것이라면, 지금은 애처로운 죽음을 택하지 않을 수 없었던 이 작가의 명복을 빌 뿐이다.

제4장 허구와 현실

1. 도원경과 유토피아—허구의 원리에 관하여

촉감의 확실한 영역

 중국인이 허구를 싫어하고 사실을 숭상했다는 것은 잘 알려져 있다. 사실의 기록으로서의 사서史書는 넓은 의미에서의 문학에서 시의 뒤를 잇는 지위를 부여받고 있다. 그런 까닭에 허구 문학으로서의 소설은 문학으로 간주되지 않았다. 애초에 '소설'이라는 말은, 이것도 잘 알려져 있듯이, "하찮은 의견小說"(『장자莊子』), "실서리와 골목의 이야기나 길에서 듣고 말한 것街談巷語, 道聽塗說"(『한서·예문지漢書·藝文志』)이라는 의미에 지나지 않았다. 이 말의 그 후의 의미의 변천은 복잡하고, 오늘날의 의미에서의 소설이 되고, 또 문학으로 간주되게 된 것은 문학혁명 이후이다. 그러나 이 책에서의 '소설', '근대소설'이라는 말은 [앞서의]「서」에서 말한 의미로 사용되고 있으니 다시 한 번 주의하기 바란다.
 그런데 이 장에서 서술하는 것은 중국인의 허구에 대한 일반적 원리다. 중국인의 허구 경시에 대해서는 많은 사례를 들어 설명하고 있지만, 나는 이것을 이론적으로 설명하고 싶다. 중국인이 인식의 경계를 촉감이 확실한 관능의 영역 내로 한정한 것은 [앞서] 누차 말한 바와 같다. 곧 공간적으로는 자신들의 문명권을 세계[전체]로 여겨 그 경계를 넘어 인식을 비상시키지 않았다. 이것은 미지의 세계를 탐험하는 데 흥미를 갖지 못한 그들의 여행 성격에 나타난다고 할 수 있다. 또, 시간적으로는, "아직 삶을 모르는데 어찌 죽음을 알겠는가"라고 말한 쿵쯔孔子의 유명한 말로 상징되듯, 그들이 사후세계에 대한 사색을 거절한 데서 잘 드러난다. 그리하여 오관의 감각이 미치는 촉감이 확실한 관능의 영역으로부터 밖으로 인식이 비상하는 것은 윤리적으로 악으로 치부되고 있는 것이다.

그렇다고는 해도 인간의 인식 욕구라는 것은 매우 탐욕적이며, 나아가 우리가 살고 있는 현실이라는 것은 대체로 추악하기 때문에 어딘가에 이상세계를 만들어 인식을 비상시키고자 기원하는 것은 자연의 이치였다. 이 이상세계를 만드는 방법 및 거기에 이르는 길에 대해서는 중국인과 유럽인 사이에 큰 차이가 있다. 중국인의 경우는 이러하다.

중국인의 이상세계

육조시대의 이문잡사異聞雜事를 기록한 『수신기』에 이런 이야기가 보인다. 장커쓰張可思라는 사냥꾼이 눈 내리는 날 길을 잃고 한 가닥의 발자국을 따라가다 소나무에 닿았다. 다시 발자취를 따라 나무에 기어올라 절벽 위로 나오자 선인仙人의 사당을 발견하였다. 선인은 이런 노래를 불렀다.

　　하늘은 맑고 땅은 평안하건만 사람만 홀로 이욕을 추구하고 명리를 분주히 좇으니, 기쁨과 노여움이 번갈아 다투는구나. 그 삶을 오래 이을 것을 생각하면, 두루 그 몸을 상할 것이니, 욕심을 끊음이 어떠한가, 그대의 정기를 지키지 않겠는가?

天淸地寧, 人獨營營, 奔迫名利, 喜怒交爭. 永思其壽, 彌喪其身, 絶端欲何, 不守爾精.

선인은 장커쓰에게 이 노래를 가르쳐 속세의 사람들에게 속세 전하라며 그를 돌려보냈다. 장커쓰가 나중에 다시 그 소나무까지 가려고 했지만, 길은 더 이상 찾지 못했다.

또 이것은 타오위안밍陶淵明의 유명한 『도화원기桃花源記』에 보이는 이야기다. 어부가 물고기를 따라 강을 거슬러 올라가니 복숭아꽃이 만발한 숲이 있었다. 그 숲이 끝나려는 곳에서 더 나아가자 산의 막다른 곳에서 뭔가 작은 동굴을 발견했다. [그 동굴을] 빠져나가자 갑자기 주변이 확 트였고, 아주 한가로운 마을이 있었다. 마을 사람은 진秦나라 때 전란을 피해 이곳에 왔다고 말하면서 지금은 어떤 세상이냐고 어부에게 물었다. 진나라를 이은 한나라를 모르니 하물며 한나라를 이은 위진의 시대를 알 리가 없었다. [그들로부터] 환대를 받고 속세로 돌아간 어부가 이 이야기를 기이하게 여긴 사람을 데리고 다시 찾아가려 했는데, 그 굴을 도저히 찾을 수가 없었다

또 당대 리궁쭤李公佐가 쓴 『남가태수전』이라는 전기 소설에 보이는 이야기. 춘위펀淳于芬이라는 남자가 홰나무 밑의 동굴을 기어들어가 보니 '대괴안국大槐安國'이라는 나라가 있는데, 그곳의 국왕에게 후대 받아 공주를 아내로 맞고 남가태수南柯太守에 봉해졌는데, 뒤에 전쟁에서 패하여 고국으로 송환되게 되었다. 그곳에서 [살아간 지] 30년째 되는 해에 홰나무 구멍에서 기어 나와 보니, 그것은 찰나의 꿈이었다.

빠져나오면 도원경

　이 세상이 아닌 이상세계, 곧 중국식으로 말하면 타오위안밍의 『도화원기』에서 유래한 도원경은 이 세 이야기 중 어느 것이든 현실이란 바로 그 지점에 있다는 것에 주목하고 싶다. 더구나 그 도원경에 이르려면 한 가닥 협로를 빠져나와야 한다는 점도 주목할 만하다. 곧 장커쓰는 소나무를 기어올랐고, 어부는 동굴을 빠져나왔으며, 춘위펀은 홰나무 동굴을 기어들어갔다. 이렇게 도달한 도원경은 구조적으로는 이들이 살고 있는 현실 속세와 조금도 다르지 않다. 다른 것은 도원경에서는 고대와 같은 평화로운 생활이 아직도 유지되고 있거나, 혹은 출세와 영달이라는 달콤한 이야기가 널려 있거나, 혹은 뭔가 실체 없는 불로불사가 약속되어 있을 따름이다.

　그러므로 도원경이라는 것은 [그것을] 보기 어려운 속세의 사람들에게 부단한 자기 수양이야말로 그곳에 이르는 첩경이라고 설교하고 있는 것이다. 그러나 장커쓰나 어부는 그런 사실을 깨닫지 못하고, 그런 성가신 절차를 거치지 않고 두 번째로 방문하지만, 그런 잘못된 마음가짐에는 도원경에 이르는 협로가 더 이상 열리지 않았던 것이다. 이로 미루어 본다면, 도원경이란 의심할 나위 없이 현실과는 거리가 멀지만 거기에 이르는 협로는 유교적 현실주의나 합리주의가 설파하는 매일매일의 끊임없는 자기 수양에 지나지 않는 것이다. 제임스 힐튼의 소설 『잃어버린 지평선』에서의 지상 낙원이 샹그릴라, 곧 티벳어로 '고기 자르는 칼 고개肉切刀崖'라고 명명된 것도 고개를 넘으면 도달할지도 모르는 도원경으로의 협로를 암시하는 것으로 보인다.

어디에도 없는 곳(유토피아)

한편 유럽의 경우는 이렇다. 토머스 모어의 『유토피아』에서의 유토피아 섬이나 톰마소 캄파넬라[52]의 『태양의 도시』[53]의 타프로바나 섬이나 사드 후작의 『알린과 발쿠르』에서의 뷔튜아국이나 모두 바다 저편에 공상의 이상세계, 곧 유토피아를 마련했다. 그리고 유토피아란 애초에 '어디에도 존재하지 않는 곳'(그리스어의 ou '부정사'와 tópos

---

52 톰마소 캄파넬라Tommaso Campanella(1568~1639년)는 이탈리아의 투쟁가, 철학자이다. 1568년 남이탈리아 칼라브리아의 스틸로 근처에서 출생하였다. 유토피아 이야기인 『태양의 나라』의 저자로 유명하다. 13세에 스틸로의 성 도미니크회 수도원에 들어갔다. 20세에 탁발 수도승이 되었고, 나폴리의 산 졸조 수도원으로 옮겼으며, 또 코센차로 가게 되었다. 이때 그는 아리스토텔레스의 목적론을 비판하는 논문을 기술하였고, 신플라톤주의에 근거한 기계론을 설파하였는데, 유물론을 설파하는 텔레시오의 설에 마음이 끌려 『감각철학感覺哲學』을 썼다가 종교재판에 회부되었다. 그 후 10년간 이탈리아 각지를 방랑하였다. 고향에 돌아와서부터는 남이탈리아를 스페인의 압제 하에서 해방하여 신정정치神政政治에 의한 이상 국가를 건설하는 운동에 종사하였으나 1599년에 폭동 음모가 발각되어서 총 일곱 차례의 고문을 받은 후 종신형을 선고받았는데, 이후 27년간을 투옥 생활로 보냈다. 이 시기에 주요 저서인 『태양의 나라』와 『갈릴레이 변호론』, 『합리철학』 등을 썼다. 1629년에 석방되어 프랑스의 루이 13세의 초청을 받아 파리의 산트레노 수도원으로 가서 조용한 말년을 보냈다.

53 『태양의 도시』(이탈리아어 La città del Sole, 라틴어 Civitas Solis)는 캄파넬라가 저술한 소설이다. 이 책은 어떤 승원주僧園主 아래에 머무르고 있는 제네바의 한 함장艦長이 주인에게 항해 중 있었던 일을 회상하는 형식을 취하고 있다. 태양의 도시는 타브로바나(실론 섬)에 있는 이상국이며 평원 한가운데의 높은 언덕에 있는 작은 나라이다. 정체政體는 호오(최고 지배자)라고 불리는 사제의 지배하에 있는 신정정치 국가로서 주요한 지도자는 모두가 사제다. 이 국가의 특징은 공산제를 시행하는 점이어서 생산수단의 사유는 전폐되고 노동은 전 시민의 의무로 되어 있다. 아이들의 교육도 국가 기획으로 행해지며 부녀의 공유제도 인정되고 있으나 그것은 국가가 정한 자손증식법의 규정에 의한다. 노동시간은 4시간이며, 여가는 독서와 연구에 충당되는데 국민 개로皆勞이기 때문에 그것으로 충분하다고 되어 있다. 군사에 대해서는 국민개병國民皆兵이며, 관리의 선정은 시민대회에서 추천된 자 가운데 공동으로 결정한다. 국가 문제에 대해서는 신월新月과 만월滿月 때마다 대회가 열려 20세 이상의 남녀가 출석하여 그 국가의 결함과 관리의 집무 상황에 대한 비판과 토의를 행한다.

'장소'를 어원으로 하고 있다)이라는 의미였다.

제1장 제2절에서도 기술한 바와 같이, 중국인과 유럽인에게 바다의 이미지는 완전히 대조적이었다. 바다의 이미지 차이가 도원경과 유토피아의 차이를 푸는 열쇠가 되기도 한다. 자기수양이라는 협로만 헤쳐 나오면 도달할 수 있을지도 모르는 현실과 잇닿아 있는 도원경은 사실 권력체제에는 정말 딱 맞는 것이었다. 체제라는 것은 지배하고 있는 현실을 사람들에게 강요하고 용인시키는 것을 오히려 사명으로 삼고 있는데, 현실의 현재형만을 강요하면 사람들은 희망을 잃고 나태함에 빠지기 쉽기 때문에, 자기수양이라고 하는 윤리적인 시네콰논 sine qua non[필수 조건]을 협로로서 만들어 놓고, 그 협로 저편에 도원경을 꿈꾸게 하면 된다. 이렇게 해 두면, 현실의 오탁에 불만을 가지는 사람도 현실을 파괴한다는 위험한 사상에 사로잡힐 염려가 적어지기 때문이다.

전란이 계속된 육조시대에 탈속의 선비가 많았던 것도 이것으로 설명할 수 있다. 현실에 불만을 품은 사람은 역사상 유명한 '죽림칠현'이 그랬던 것처럼 깊은 산속에 은둔했다. 중국의 수묵산수화에 압도적으로 많은 주제는 어딘 지 알 수 없는 이와 같은 깊은 산중으로, 그것은 어딘가 종잡을 수 없는 선경이기는 하지만, 그 어떤 협로를 빠져나가기만 하면, 반드시 도달하게 되는 현실과 잇닿아 있는 극한이었다. 그리하여 도원경이란, 관리자에게 있어서는 때때로 맞춤한 [것이고], 사람들에게 있어서는 의제擬制의 일종의 현실 부정을 전제로 한다. 하지만 그렇게 해서 당도하게 되는 도원경은 별것 아닌 현실의 원리에 지배되고 있었던 것이다.

이에 반하여 바다를 건너지 않으면, 즉 인식을 비상시키지 않으면 결코 도달할 수 없는 유토피아는, 관리자에게 있어서는 참으로 위험한 사상을 품고 있었다. 왜냐하면, 이것은 현실부정, 다시 말하면 혁명을 시인할 우려가 있기 때문이다. 실제로 유토피아 사상에서 위험한 독의 냄새를 맡은 유럽의 체제 지배자들은 토마스 모어를 단두대에 올려놓았고, 캄파넬라를 27년 간이나 감옥에 가두어 놓았으며, 사드 후작을 30년 간에 걸쳐 감옥과 정신병원에 처넣었다. 이렇게 유토피아 지향자들을 때려눕히고 나서, 국가권력의 이름으로 부단히 바다를 건너 손에 넣은 것은 유토피아가 아닌 식민지였다.

이야기의 건축학

이상과 같이 내가 도원경과 유토피아의 차이에 대해 말한 것처럼 보이겠지만, 사실상 내가 말한 것은 허구의 원리에 있어서의 중국인과 유럽인의 차이이다.

제1장 제3절에서 나는 『서유기』나 『유림외사』 같이 에피소드를 병렬적으로 염주 식으로 잇는 이야기는 소설로서의 작품세계의 최종 완결성을 지니지 못하는 것이라고 설명했다. 이제 이 문제를 허구의 원리로 생각해 보기로 하자.

허구의 원리라고는 하지만, 우선은 이야기의 건축학이다. 다만 건축학이라 해도 약간의 주석이 필요하다. 진성한 테크놀로지로서의 건축학에는 정밀하기 짝이 없는 설계도가 있고, 모든 작업은 그 설계도를 충실히 따른다. 항간의 속설에서는 허구의 이야기의 건축학에도 그런 설계도가 있다고 믿고 있다. 여기 이시카와 쥰石川淳의 훌륭한 글이 있다.

미리 눈에 보이는 것, 손에 닿는 것, 아니 대체로 미리 생각할 수 있는 것에 완성된 구조가 종이에 복사되기 위해 대기하고 있는 것이 아니라, 반대로 작품 전체가 완성된 후에야 그 구조의 성립 상태가 비로소 보일 것이다. 구조가 고양되는 정도는 앞으로 나아가지 않으면 어느 정도인지 알 수 없다는 점에서 시계의 바늘 움직임과 비슷하지만, 결코 동일 평면 위에 갇히지 않는다는 점에서 문자판 위를 빙빙 도는 것과는 닮지 않았다. 작품 전체가 정신의 노력의 선이라면, 구조는 그 선의 강도와 속도에 관련된 대수적 도형과 같은 것이다. 이 스스로 움직이며 고양되는 예측 불가능한 구조를 우리는 허구라고 부른다.

 과연 작가가 작품의 세계로 나아가는 첫 단계에서는, 그 세계의 구조를 위해 선택되는 요소들이 현실 속에 흩어져 있는 것이다. 그러나 작품의 세계가 진행됨에 따라, 그러한 요소들은 언젠가 조금씩 성질의 변화를 일으킬 것이다. 아마도 그곳에서는 이미 계절이 바뀌어 버렸기 때문일 것이다. 이제 작가는 일일이 체험을 상대로 불결한 담합 같은 것은 하지 않는다. 다만 이 경우 작가에게 강요되는 것은 노력의 지속이다. 이것은 작가가 자신에게 부과해야 할 강제로서, 허구와는 뗄레야 뗄 수 없는 관계에 놓이는 것이다.(『허구에 관하여』, 방점은 원문 그대로)

이시카와 쥰은 이것에 이어, "허구의 세계에 있어서는 감각이 논리를 이끌어간다"고 단언하고 있다. 그렇다. 이야기의 건축학이란 현실과는 별개의 세계를 "실재 속에 흩어져 있는 요소들"로부터 만들어내는 강력한 의지가 아닐 수 없다. 거듭 말하자면 완성된 구조는 순식간에 투시되더라도 설계도 등은 결코 믿을 수 없는 것이며(왜냐하면 설계도란 현실의 안전한 반복에 지나지 않기 때문에), 항상 예측 불능의 불안 속에서, 감각이 작업을 이끌어가는 것이다.

이상 도시 아모로트 시

 '어디에도 존재하지 않는' 유토피아를 만들었던 유럽인들은 토마스 모어가 도달 불가능한 유토피아 섬에 이상 도시 아모로트 시를 건조했듯이(곧 아모로트 시의 모습은 모어가 살았던 16세기 영국의 현실을 반영하는데, 다른 한편으로는, 그 자신은 현실로부터 멀리 격리되어 닫혀져 있는 하늘을 형성하고 있는 것처럼), 허구의 이야기를 만들었다. 그 뿐만 아니라 이렇게 형성된 작품세계에는 작자가, 이를테면 아무리 부도덕한 것을 쓰더라도 그것은 현실과는 비도덕적인 관계를 맺겠다는 약속이 성립되어 있었다.

원래 국가권력은 이러한 약속을 식은 죽 먹기 식으로 짓밟았고, 독자 또한 도덕적 관심을 가지고 작품세계에 접근하여 약속을 어기는 것이 고작이었지만, 이 약속은 대체로 기하학의 공준처럼 확실하게 받아들여져 왔던 것이다. 지금도 수많은 '성범죄'를 저지른 것 때문에 (라기보다는, 인간성에 대해서 너무 노골적으로 말하는 바람에) 유폐된 사드 후작이나 살인마로 형장에서 스러진 피에르 프랑수와 라세네르[54]나 "악의 권리 회복을 목표로 했다"(조르주 바타유)는 도둑이자 남색 작가 쟝 주네[55] 등의 작품이 유럽문학 중에서 정통적인 지위를

---

[54] 피에르 프랑수아 라세네르Pierre François Racenaire(1803~1836년)는 프랑스 동부 리옹 시 근처 론 지방의 프랑슈빌에서 태어났다. 그의 부모는 정직하고 성공적인 부르주아 상인 장-밥티스트 라세네르Jean-Baptiste Lasenaire와 마거리트 가야 Marguerite Gaillard였다. 훌륭하게 교육을 이수한 그는 프랑스 왕립군에 입대했고, 결국 1829년 그리스 독립전쟁 중 모레아 원정 중 탈영했다. 그 후 그는 범죄자가 되어 감옥을 드나들었다. 범죄대학이라 할 수 있는 감옥에 있는 동안 라세네르는 「이웃인 왕에게 보내는 도둑의 청원」이라는 풍자시를 썼다. 그는 또한 잡지에 「감옥과 형벌 제도」라는 제목의 기사를 썼다. 라세네르는 그의 범죄를 돕기 위해 두 명의 부하를 고용했다. 1834년 12월 14일, 라세네르와 에이브릴은 푸아시Poissy의 파사주 뒤 슈발 루즈Passage du Cheval Rouge에서 장 프랑수아 샤르동Jean-François Chardon을 도끼로 살해하고, 샤르동의 어머니를 침대에서 질식사시켰다. 이중 살인 재판이 시작되고 처형되기까지 몇 달 동안 그는 회고록, 종말론, 시를 썼다. 재판 기간 동안 그는 사회적 불의에 대한 정당한 항의로 자신의 범죄를 강력하게 변호했다. 그는 법정을 극장으로, 감방을 문학 살롱으로 만들었다. 그는 발자크, 도스토예프스키 등 프랑스 문화와 작가들에게 깊은 인상을 남겼다. 그러나 결국 그는 32세에 단두대에서 처형당했다.

차지하고 있는(그렇게 되기 위해 시간이 걸린 것은 말할 것도 없지만) 것은, 실로 이 약속 때문이다. 그리고 이 약속을 성사시켰던 것이 허구적 이야기의 건축학이라고 할 수 있다.

애매한 경계선

한편 중국인에게 허구적인 이야기의 작품세계는 지상의 낙원인 도원경과 비슷하다. 이것은 분명히 현실과 잇닿아 있기 때문에, 현실과 뒤엉켜 '동일 평면상에 갇힌 채', '체험을 상대로 불결한 담합'을 벌이는 세계다. 이것을 현실의 측면에서 본다면, 허구의 세계라고는 하지만 현실을 향해 우리[의 문]을 열고 있는 것이다. 좀 더 극단적이 되면 작품세계와 현실은 무정형無定形amorphe에 엇섞여 있기 때문에 현실사회에서의 법률이나 도덕의 질서는 홍수처럼 항상 작품 세계에 침윤한다. 좀 더 속되게 말하면 작품세계는 현실 질서의 창녀가 되어 현실과 '잠을 자는' 것이다.

---

55 장 주네[Jean Genet(1910~1986년)는 실존주의 파에 속하는 프랑스의 시인·소설가·극작가이다. 1910년 12월 19일 프랑스 파리에서 가정부의 사생아로 태어났다. 생후 칠 개월 만에 유기 되어 파리 빈민 구제국에 위탁되었다가 프랑스 중부 산악지대 알리니의 한 가정에서 자랐다. 파리 근교 알랑베르 직업학교에서 인쇄술을 공부했다. 철도, 무임승차, 부랑죄 등으로 투렌의 메트레이 교도소에 수감되면서 글쓰기를 시작했다. 교도소를 벗어나기 위해 군 입대를 지원했고, 모로코 원주민 부대, 알제리 원주민 부대에 근무하던 중 탈영해 프랑스, 스페인 등 유럽 일대를 떠돌아다녔다. 부랑자, 거지, 도둑 등으로 생활하다가 프렌 교도소에 수감된 동안 시 「사형수」를 시작으로 본격적인 작품 활동을 했다. 첫 소설 「꽃의 노트르담」으로 장 콕토의 열렬한 지지를 받았고, 이후 장 폴 사르트르, 시몬 드 보부아르, 알베르토 자코메티 등의 도움을 받으며 창작의 꽃을 피웠다. 대표작으로 소설 「장미의 기적」, 「도둑 일기」 외에도 희곡 「하녀들」, 「발코니」, 「병풍들」, 예술론 「자코메티의 아틀리에」 등 장르를 초월한 글쓰기를 했다. 1986년 4월 15일 「사랑의 포로」의 교정을 위해 파리에 머물던 중 사망하였고, 유언에 따라 모로코 지브롤터 해협의 라라슈에 묻혔다.

여기서 밝혀진 바가 있다. 유토피아 섬의 아모로트 시 주위에는 성벽이 쌓여 있다. 이것은 영어의 '천상 낙원'이라는 말이 원래는 페르시아어에서 유래한 것으로, '벽을 둘러싼 울타리'라는 뜻이었던 것과도 관계가 있을 것이다. 또한 유럽인의 정원의 발견, 특히 십자군 이후 바빌로니아의 '공중 정원'의 발견이 '벽을 둘러싼 울타리' 안에 미크로코스모스를 설정하는 데 기여하였을 것으로 짐작된다. 케네스 클라크는 그의 『풍경화론』에서 이렇게 기술했다. "풍경화의 형성을 향한 두 번째 걸음은 자연을 둘러싼 것이 인간이 상상할 수 있는 범위 내에서, 그 자체로 완벽성을 상징하는 하나의 전체를 구성한다고 보는 것으로 시작되었다. 정원의 발견이 이 전체상을 가져왔다."(사사키 히데야佐々木英也[56]의 번역에 의함)

케네스 클라크의 이 말은 그대로 소설 속 허구의 원리에도 들어맞을 것이다. 유럽의 풍경화가 '그 자체로 완벽성을 상징하는 하나의 전체를 구성'하는 것으로서 풍경을 바라본 것은 중국의 풍경화가 현실과 선경을 구분하는 것으로서 항상 애매한 안개나 이내가 가로로 길게 흩뿌려 있는 것과 대극을 이룬다. 속계로부터 보면 짙은 안개와 이내는 참으로 신비로운 경계선이나 다름없다. 그러나 이것은 바빌로니아의 공중 정원이나 그 흐름을 이어가는 유럽의 성원이 그랬던 것처럼, 혹은 아모로트 시의 성벽이나 캄파넬라의 『태양의 도시』의 동심원의 성벽이 그러하듯이 현실과 견결하게 대립하는 고립성은 없다. 생각건대, 소설에 있어서의 허구의 원리에도 아모로트 시의 성벽이 필요하다. 이 성벽의 의식 없이 우물 쭈물대며 작품세계와 현실을 따라 왕복하는 작가는 창작에 필요한 모험적인 의지가 결여된, 현실의 '창부娼婦

---

[56] 사사키 히데야佐々木英也(1932~)는 일본의 서양 미술 연구가로 도쿄예술대학 명예교수이다.

일 뿐이다. 이것이, 내가 쓰는 용어로는, 외잡, 외설이라고 하는 것이 된다.

2. 탐정소설과 등산─유희의 원리에 대하여

유희의 본질

앞 절에서는 너무 원리적인 것만 말했으므로, 그 응용으로서의 실례를 들기로 한다. 실례로서는 아카데믹한 연구자에게는 거의 문제도 되지 않는 탐정소설이 좋을 것이다.

탐정소설은 무엇보다도 우선 재미있어야 한다. 왜냐하면 그것은 유희이기 때문이다. 그리고 이른바 유희는 요한 호이징하의 명저『호모 루덴스』에서 말했듯이, "어떤 분석도, 어떤 논리적 해석도 거부하는" 재미를 그 본질로 삼는다. 호이징하는 말했다.

> 어떤 유희든 거기에는 고유한 규칙이 있다. 그것은 일상생활에서 벗어난 이 잠정적인 세계 속에서 적용되며, 그 안에서 효력을 발휘하는 여러 가지 결정이다.……규칙이 어겨지자마자 유희 세계는 금세 무너져 버린다. 유희는 끝난다. 심판의 피리가 속행을 가로막고, '일상 세계'가 일순간, 다시 움직이기 시작한다.……[57]

---

57 참고로 우리말 번역본은 다음과 같다.
"모든 놀이는 그 고유의 규칙을 가지고 있다. 그 규칙들은 놀이에 의해 분리된 일시적 세계 속에서 적용되고 통용될 것을 결정한다.……놀이의 규칙이 위반되면 그 순간 놀이의 세계는 무너진다. 그리고 놀이는 다 망쳐지게 된다. 심판의 호각 소리는 마력을 깨뜨리고 단 한순간에 '일상적 세계'를 다시 진행시킬 것이다.……"(김윤수 역, 『호모 루덴스』, 까치, 1998. 24쪽)

곧 이것(유희로서의 경기를 예로 들어)은 그 자체로 시작되고 끝나는 하나의 완결체이며, 그 결과 여하는 그 그룹에 있어서 필수 불가결한 생활 과정과는 아무런 관계가 없다.(다카하시 히데오高橋英夫의 번역에 의함)

호이징하가 지적하고 있는 유희의 본질은 허구의 본질과 얼마나 비슷한가! 그렇다, 유희란 허구인 것이다.

고대의 제례나 경기에서 비롯되는 각종 유희는 문화의 모든 측면에서 발달하였고, 정치조차도 유희적 측면을 지니고 있었다. 문학도 당연히 하나의 유희일 뿐인데, 문학 중에서도 가장 유희의 본질을 갖추고 있는 것이 탐정소설이다.

탐정소설은 도둑질 교과서이다

탐정소설의 주제는 범죄다. 현실의 일상세계에서는 모든 범죄는 사법 당국에 의해 추궁되어야 하고 심판되어야 한다. 그런데 탐정소설에서는 진범의 발견까지 다룬다. 이것은 두뇌적인 범인과 두뇌적인 탐정과의 경기이고, 범죄의 윤리적 추궁은 일절 고려하지 않고, 허구 세계의 세치細緻한 구조성만을 장기 둘 때의 최후 일격처럼 추궁하면 된다. 이렇게 진범이 잡혔을 때 탐정소설은 멋진 완결성을 보여주며, [그렇게] 마지막 페이지에 이르게 되면 독자는 일상세계로 돌아가는 것이다.

중국인에게 탐정소설이란 무엇이었을까? 중국인이 처음 접한 탐정소설은 청말 린수林紓가 번역한 코난 도일의 셜록 홈즈였다. 그리고 나서 그들은 모리스 르블랑의 아르센 뤼팽도 접했다. 그리고 실제로 이 두 가지 소설만이 청나라 말기부터 민국에 걸쳐 중국인들이 선호한 탐정소설이었다. 이 두 종류의 전집이야말로 다양한 방식으로 출판되었던 것이다. 그렇다고 중국인들이 탐정소설을 순수한 허구의 유희로 읽었는지는 몹시 의문이다.

청말 소설가 우워야오吳沃堯는 1906년에 "요즘 번역된 탐정소설은 모두 도둑질을 가르치는 교과서"라고 기술해 탐정소설을 비난했다. 또 근년의 소설사가 판옌챠오范烟橋는 자신의 『민국 구파 소설사략民國舊派小說史略』에서 다음과 같이 기술했다.

> 정탐(중국어에서 탐정에 해당하는 말) 소설은 자본주의 사회에서 발생했기 때문에, 객관적으로는 이 사회의 혼란스럽고 부패한 일면을 어느 정도 폭로하기는 했지만, 반대로 말하자면, 정탐의 노력의 결과 귀족과 자본가의 이익 및 봉건주의와 자본주의 사회의 질서를 유지한 셈이 되었다. 그러므로 사상적으로는 내세울 만한 의의는 없는 것이다.

우워야오의 말과 판옌챠오의 말 모두 호이징하가 설파한 유희의 본질로서의 규칙을 위반하고 있는 것에 주목해 주었으면 한다. 아무리 악마적인 범죄자가 등장하더라도, 그의 부도덕한 범행 그 자체는 탐정소설의 독자와는 아무런 관계가 없고, 도덕과는 무관한amoral 고귀한 완결성을 지니고 있으며, 사회적 내지 사상적 의의 등과는 완전히 무관한 것이다. 아니다. 오히려 그런 의의 등을 가졌으되 최후에 작품 세계의 틀은 철거되고, 그 허구성은 일순간에 붕괴하고 만 것이다. 우워야오와 판옌챠오의 탐정소설 비판은 그렇게 그들의 탐정소설의 원리에 대한 무지 뿐만 아니라, 허구의 원리에 대한 가공할 만한 무지도 단적으로 드러내 보여주었다.

중국인이 쓴 탐정소설은 정말 적다. 이름이 얼마간이라도 알려진 것은 청샤오칭程小靑 정도일 것이다. 이야기의 세계와 현실 사이에 확연한 경계선을 가지지 않는 중국인에게 있어서는, 어차피 탐정소설이라고 하는 허구의 유희는 성립되기 어려웠던 것이다. 해방 후의 중국에 탐정소설이 전무한 것은 말할 것도 없지만, 홍콩이나 대만의 대중오락잡지에 어쩌다 보이는 탐정소설도, 범인을 찾는 두뇌 플레이라고 하는 면보다도, 탐정을 주인공으로 하는 협의소설이라고 하는 측면이 강하다. 곧 『수호전』 이후 중국 민중이 애호한 협의소설의 역동적인 행동성과 권선징악의 도덕성이 교묘하게 맞아떨어져 그야말로 중국식 '정탐소설'이 된 셈이다.

유희의 규범화

그리하여 중국인들은 유희 정신이 부족하고, 그런 까닭에 허구의 원리에는 거의 몰이해한 사람들이라고 할 수 있을 것이다. 또한 호이징하는 앞서 인용한 『호모 루덴스』에서 프랑스의 중국학자 마르셀 그라네가 그의 『고대 중국의 제례와 가요』에서 고대 중국의 문화 속에서 축제나 경기의 역할은 다른 어떤 대 문화 속에서도 찾아볼 수 없다고 논하고 있는 대목을 약간 주저하면서도 공감을 갖고 인용하고 있다. 그렇다, 여기서는 호이싱하의 주저함이 옳은 것이고 그라네가 제시한 것은 유교적 윤리규범이 확립되기 이전의 사회였다. 거기서는 모든 제례가 훌륭하게 양식화되고, 그 번쇄한 규칙에 의해 제례의 허구적 본질이 확립되어 있었는데, 쿵쯔孔子가 이것을 현실의 일상세계로 끌어내렸던 것이다. 고대 제례의 모든 양식은 모두 일상생활에서의 부단한 자기 수양을 위해 목적화되고 재편성되었다.

『예기』나 『의례』 등의 경서에 보이는 일상생활의 연중행사로부터 행동거지에 이르기까지 세세한 규범들의 기록은 그 자체가 중국 문화의 가장 아름답고 가장 경탄할 만한 측면이지만, 그러나 다른 시각에서 보자면 사실을 중시하고 허구를 경시한 쿵쯔가 허구를 파괴하기 위해 그 허구를 교묘히 이용한 한 예라고도 생각할 수 있다.

탐정소설과 등산의 유사성

그런데 이야기가 비약되긴 하지만, 탐정소설과 등산은 많이 닮은 것 같다. 애초에 등산이란 인생이나 사회에는 한 점의 이익도 주지 않는, 호기심과 모험심만을 유일한 동력으로 삼는 위험한 행위이고, 탐정소설이란 이른바 '순문학'과는 달리 인생에는 한 점의 감동도 주지 않는, 호기심만을 유일한 고객으로 하는 문학 장르이다. 실제 인생의 견지에 서면, 공히 이토록 허무한 허구의 유희가 있겠는가? 게다가 이 두 가지 모두 허구의 본질은 빠짐없이 갖추고 있다. 실제 인생에 대해서는 철저한 유용성이 결여되어 있으되, 닫힌 세계의 내부기구에서는 어떤 세부사항이라도 상호 철저한 유용성을 가지고 있어야 한다. 곧 탐정소설에 있어서의 그 수많은 정교한 복선, 등산에 있어서의 그 피톤piton[58], 카라비너, 자일 등의 기능성. 이런 세계에 실제 인생을 가져 오거나, 내부기구 안에서의 규칙을 어기면 그 세계는 금세 붕괴한다.

중국인에게 등산이란 무엇이었을까? 중국에는 오래전 '등고登高'라는 아름다운 습관이 있었다. '고高'라고는 하지만 기껏해야 2, 3백 미터

---

[58] 피톤piton은 프랑스어이고, 영어로는 펙peg, 스테이크stake, 독일어로는 하켄Haken이라 한다. 1910년 오스트리아의 한스 피히틀에 의해 개발된 이래 한 세기 이상 가장 널리 사용된 암벽등반의 기본 용구다. 20세기 초 피톤과 카라비너가 동시에 개발되어 암벽등반 기술에 크나큰 혁명을 불러왔다. 등반 중 선등자가 확보물로 설치하여 추락 방지용으로 쓰고 후등자는 이를 회수하여 재사용한다. 회수할 때는 해머로 피톤의 머리 부분을 상하 좌우로 때려 느슨하게 한 후 빼낸다.

의 언덕으로 대부분은 언덕 꼭대기에 사원이나 관제묘나 다관茶館이 있어, 객지에 있는 사람이 이 언덕에 올라 고향을 그리워하기도 하고, 혹은 타지에 간 육친을 그리워하기도 하는 것이다. 음력 9월 9일의 이른바 중양절에는 국화 한 송이를 들고 '등고登高'하는 것이 시의 주제가 되기도 했다.

그러나 중국에서는 근대적인 등산이나 탐험의 전통은 전혀 없었다. 생명의 위험을 무릅쓰고 쓸데없는 짓을 하는 것만큼 어리석은 일은 없기 때문이다. 나도 호주에 머무는 동안 훌쩍 여행을 떠나려고 하면, 중국인 친구가 자주 내게 물었다. "무엇 때문에 가는가?"

탐험에의 무관심

여행이나 탐험에 대한 중국인의 이러한 무관심이 19세기 말부터 20세기 초에 걸친 구미 열강제국(일본도 포함)의 중국 변경의 탐험과 침략 행위를 용이하게 하였다. 이를테면, 신쟝 성新疆省 둔황敦煌의 천불동에서 발견된 엄청난 양에 이르는 귀중한 고문서는 발견자인 오렐 스타인이나 뽈 뻴리오 등에 의해 거의 [대부분] 런던이나 파리로 옮겨졌고, 나중에야 일의 중대함을 깨달은 중국인이 조사했을 때는 거의 텅 비어 있었다.

또 독일의 페르디난드 폰 리히트호펜Ferdinand von Richthofen에 의한 중국 전역의 지질조사는 중국의 광물자원을 가로채려고 한 독일의 침략정책의 일환으로서 이루어진 것이라고는 하나, 중국의 지리나 지질의 전모를 밝힌 점에서는 역시 위대한 업적이었다. 1903년 젊은 날의 루쉰은 『중국지질약론』에서 이렇게 썼다.

"중국은 중국인의 중국이다. 외국 민족의 연구는 허용할 수 있지만,

외국 민족의 탐험을 허용해서는 안 된다. 외국 민족의 찬탄을 허용할 수는 있지만, 외국 민족의 탐욕을 허용해서는 안 된다."

루쉰의 비난은 리히트호펜을 향하고 있지만, 그와 동시에 열강제국의 침략적인 탐험에 전혀 무관심한 중국인들을 향해서도 내셔널리즘의 각성을 호소하고 있는 것이다.

국위 선양을 위한 등산

그런 중국에서 근대 등산의 전통이 싹튼 것은 해방 후의 일이다. 스잔춘史占春이라는 산악인의 이름도 우리 귀에 들려왔다. 그는 1956년에 베레츠키를 대장으로 하는 중·소 합동 등산대에 참가해 파미르 고원의 무스타커 아타(7,546m)를 초등하고, 이듬해인 1957년에는 스스로 대장이 되어, 시캉 성西康省의 궁가산貢嘎山Minya Konka(7,590미터)에 올랐는데, 이것은 1932년의 미국의 버드솔Richard Burdsall 대에 이은 등정을 완수한 것이라 전해진다. 이 무렵부터 우리는 스잔춘이 에베레스트를 티베트 측의 북벽 루트로부터 목표로 할 것이라는 것은 예측하고 있었는데, 일체의 계획은 발표되지 않은 채, 1960년 5월 25일 신화사新華社가 베이징에서 전한 자랑스러운 등정 성공뉴스에 세계가 놀랐다.

이 에베레스트 등정은 1953년의 영국 헌트 대[59], 1956년 스위스 앨버트 에글러 대에 이은 제3등정이었는데, 북벽 루트로부터 등정한

---

59 1953년 영국 에베레스트 원정대는 에베레스트 산의 아홉 번째 등반 원정대로, 처음으로 에베레스트 산 등반에 성공했다. 존 헌트가 이끄는 원정대의 에드먼드 힐러리와 텐징 노르가이가 1953년 5월 29일 등반에 성공했다. 등반 성공 소식은 엘리자베스 2세의 대관식이 열리던 6월 2일 아침에 런던에 전해졌다.

것은 물론 최초였다. 그러나 이 등정에는 의혹이 남았다. [그것은] 정상에서의 사진이 없었기 때문이다. 게다가 정상에 오성홍기와 마오쩌둥의 작은 석고 흉상을 묻었다는 그 외곬의 민족주의에도 순수한 행위로서의 등반에 있을 수 없는 희유한 목적성을 띤 것이라는 인상을 주었다.

뒤이어 1964년 5월 2일 쉬징許竟(1927~2011년)을 대장으로 하는 대규모 등반대가 고자인탄[60](8,013m) 첫 등정을 달성했다고 보도되었다. 이들 등반대도 등정 루트를 공개하지 않아 세계 등반계에 의혹을 불러일으켰다.

우리가 아는 것은 이상의 것뿐이다. 이 모두가 어느 날 갑자기 혁혁한 성공 소식이 전해지는 것일 뿐, 플랜이 미리 공표된 적은 한 번도 없다. 따라서 있을 수 있는 실패의 경우에 대해서는 알 길이 없으니 발표된 것에만 한하는 성공률은 항상 100%인 셈이다.

요인 실각의 패턴

나는 현대 중국의 정치에 관련된 현실적인 사건에 대해서는 거의 흥미가 없기 때문에, 다양한 미스터리의 사실관계를 살펴볼 마음은 전혀 없지만, 그 미스터리들을 둘러싼 중국인들의 대처 방법에는 흥미를 갖고 있다.

이를테면, 1954년 이래 부총리 겸 국방부장이었던 펑더화이彭德懷가 1959년 갑자기 해임되었다. 해임 사유는 문화대혁명 때 처음으로 밝혀졌다.

---

60 고자인탄Gosainthān은 힌디어 명칭으로 티벳어로는 '시샤방마'이다. 영어로는 '시샤팡마'로 통칭된다.

또 1959년 이래로 국가 주석이었던 류사오치劉少奇가 문화대혁명 중에 비판을 받아 1968년에 정식으로 일체의 공직에서 축출되었다. 1969년 4월에 열린 중국공산상 제9회 전국대표대회(9전대회)의 정치 보고에서 린뱌오林彪는 "류사오치의 죄상은 제1차 국내혁명전쟁 시기 (1926~1927년)부터 시작되었다"고 진술한 것이 채택되었다.

또, 그 9전 대회에서 채택된 당 규약 '제1장 총강'에서는 다음과 같이 명기했다. "린뱌오 동지는 일관되게 마오쩌둥 사상의 위대한 적기를 높이 들고 가장 큰 충성심을 품고 가장 확고하게 마오쩌둥 동지의 프롤레타리아 혁명노선을 실행하고 지켜왔다. 린뱌오 동지는 마오쩌둥 동지의 친밀한 전우이고 계승자이다." 그러나 1971년에는 그 린뱌오가 마오쩌둥 암살 시도를 하다가 발각되어, 9월 12일 비행기로 국외로 탈출했지만 몽골인민공화국에 추락 사망했다고 발표되었다. 그리고 작년(1973년) 8월에 열린 10전 대회에서는 당 규약 개정(전기의 린뱌오 조항의 삭제)을 채택하고, 린뱌오를 "부르주아계급의 야심가, 음모가, 반혁명 기회주의자, 배신자"로 규정하여 당에서 영구히 추방했다. 이에 앞서 1972년에는 「마오쩌둥이 그 부인 장칭에게 보낸 서한」이라는 것이 공표되어 마오쩌둥이 일찌감치 1966년경부터 린뱌오에게 '의혹'을 느끼고 있었다는 취지가 밝혀졌다.

도원경과 국가

이상의 일련의 사실로부터 다음의 사실을 논리적으로 지적할 수 있다. 곧 첫째는 현대 중국 정치에서는 그 모든 과정이 극비에 부쳐져 어느 날 갑자기 결과가 발표되고 나서 그 결과로부터 과거를 역산하는 방법이 행해지고 있다는 것이다. 이 방법은 이를테면 탐정소설에서 아무런 복선도 설정되지 않은 채, 최후에 지금까지의 배치 설정과 관계없는 사람을 진범으로 삼는 방법과 같다. 만약 이런 탐정소설이 나타난다면, 사실 나타난 적도 있긴 하지만, 유희 규칙 위반으로 그 허구의 세계는 무너질 것이다. 또한 이 방법은 세계 등산계의 일종의 규칙(계획과 결과의 공표)을 무시한 국위 선양을 목표로 한 산행과 비슷한 것은 아닐까?

둘째로는 결과로부터 과거를 역산하는 이 방법은 이미 제3장 제3절에서 라오서 비판을 예로 들어 기술한 바와 같이, 역사의 엄격한 일회성을 부정하는 중대한 사관의 오류로도 이어진다는 것이다. 이것은 매우 우려스럽게도 현재의 권력체제 자체의 자기부정을 내재하고 있다.

셋째로는 현대 중국에서는 말의 무력無力이 지배하고 있다는 것이다. 무릇 모든 표현에서 개괄적인 슬로건이 얼마나 인식을 흐리게 하는지는 일본인들이 일찍이 경험한 바이다. 앞서 열린 9전 대회에서 채택되었던 린뱌오 비판의 개괄적인 표현과 하나다. 여기에 말의 자립성은 없다.

감히 말한다. 정치 또한 허구의 하나다. 하지만 이 허구는 논리만으로 구축된 법이란 것을 협로로 삼아 현실과 연결되어 있다. 그러나 현대 중국의 정치는 사람들의 일상생활이라는 현실과의 사이에 아무런 협로도 없이 닫혀 있는 테두리 안에서, 그 자신, 허구의 본질을 빠짐없이 갖추는 한편, 자기수양이라는 협로 저편의 도원경을 보면 국가 그 자체라고 생각할 수 있는 정치과정을 선택하고 있다고 할 수 있다. 아마도 이 도원경은 유토피아의 허울을 쓰고 협로를 벗어나는 것과 인식으로부터의 비상의 준엄한 결별을 거부하고 있는 것으로 생각된다.

이것은 아래에서 기술하게 될 실례에 의해 밝혀질 것이다.

3. 현실주의와 리얼리즘—언어의 사술詐術에 대하여

리얼리즘의 번역어

현대 중국의 문학가들은 흔히 '현실주의'라는 말을 쓴다. 그리고 일본의 중국문학자들은 이것을 '리얼리즘'으로 번역하고 있다. 그러나 현대 중국어 맥락에서의 '현실주의'가 일본어의 문맥에 있어서의 '리얼리즘'과 과연 등가일까?

지금까지 자주 이름을 날렸던 마오둔茅盾이라는 작가는 1920년에 결성되었던 문학연구회의 주요 멤버였는데, 그 결성 초기부터 1927년까지는 오로지 문학이론가로서 활약하였다(마오둔이라는 필명은 1927년 이후 사용했다. 그때까지는 선옌빙沈雁冰이라는 이름을 쓴 적이 많았다). 문학이론가로서의 마오둔은 프랑스 자연주의를 소개하고 문학상의 리얼리즘이론을 확립했다.

마오둔은 리얼리즘의 번역어를 '사실주의'라고 명확히 규정했다. 원래 그는 "사실주의 의 결점은 사람의 마음을 잿빛으로 만들고, 실망시키는 것이다" 등으로 기술하고, 소설의 소재와 방법을 혼동했는데, 그것은 당시의 마오둔이 접한 유럽의 리얼리즘 소설이 에밀 졸라를 필두로 한 프랑스 자연주의에 국한되어 있었기 때문이었다.

『자야』를 쓴 지 3년 만인 1935년, 마오둔은 『무엇이 사실주의인가』라는 논문을 발표해 다음과 같이 기술했다. "19세기 리얼리즘은 로맨티시즘의 부정이지만 [양자는] 모두 자본주의의 산물이었다. 차이점은 로맨티시즘이 하는 일은 파괴이며, 리얼리즘이 하는 일은 창조 건설이라는 것이다." 이보다 앞서 1920년대 후반에 일어났던 '혁명문학' 논쟁에서는 '신사실주의'라는 말을 빈번하게 썼는데, 이것은 프롤레타리아 리얼리즘의 의미였다.

자취를 감춘 '사실주의'

　1936년 '국방문학' 논쟁이 일어났을 무렵부터 '현실주의'라는 말이 빈번하게 쓰이기는 했지만, 그래도 리얼리즘의 역어로서는 여전히 '사실주의' 쪽이 우세했다. 그러나 1942년의 마오쩌둥의 「문예강화」에서 "마르크스주의는 문예창작에서의 현실주의를 포괄할 수는 있지만, 대체할 수는 없다"라고 말하고 나서부터는 '사실주의'라는 말은 완전히 자취를 감추고 말았다.

　이와 관련해 이를테면 주변에 있는 『아한俄漢(러시아어 중국어) 대사전』(1962년, 상무인서관)의 реализм(리얼리즘) 항목을 보면, "① 〈철哲〉 유미주의, 실재론. ②〈문예〉 현실주의. ③ 현실의 상황에 대한 주밀周密한 고려(계획을 실행하는 등의 때를 가리킴)" 등이 있을 뿐 '사실주의'라는 말은 어디에서 보이지 않는다.

　참고를 위해 『신영일사전New English-Japanese Dictionary』(1960년 겐규사研究社)의 realism 항목을 보면, "1. (1) 현실주의現實主義, (2) 현실성. 2. (문학·예술 등의) 사실주의, 사실성. 3. (철학) 실재론, 실념론實念論, 개념실재론(이하 생략)"으로 되어 있어, 일본인이 말하는 '현실주의'는 1.이고 '리얼리즘'은 2.라는 것이 확연하다. 물론 일본인은 문학에서의 '사실주의'를 '리얼리즘', 미술에서의 '리얼리즘'을 '사실주의' 등으로 구별해서 부르는 경우가 많긴 하지만, 어느 쪽이든, 문학이나 예술에서의 realism을 '현실주의'라고 부르지 않는 것은 확실하다.

　그런데 문학이나 예술에서의 realism의 번역어가 해방 전의 중국에서는 주로 '사실주의'였던 것이, 해방 후의 중국에서는 '현실주의'가 된 것 뿐으로, 오늘날 중국에서의 '현실주의'라는 말을, 우리가 '리얼리즘'이라고 번역하는 것은 자못 논리적으로 올바른 것처럼 보인다. 그러나 과연 그럴까?

리얼리티와 실재성

이를테면 앞서 들었던 『유림외사』를 평하여 오늘날 중국인들이 '현실주의 문학의 걸작'이라고 할 때, 이것을 '리얼리즘 문학의 걸작'으로 이해한다면 [양자 간의 언어적 뉴앙스에] 크게 어긋남이 있다는 것을 느끼게 될 것이다. 제3장 제2절에서 예로 든 판진范進의 에피소드에서 알 수 있듯이, 이 소설은 부자연스러운 희화화를 노리기에 리얼리티가 너무나 부족하다.

그렇다. 이 리얼리티라는 것이 요구되는 것이다. 허구의 이야기에는 이를테면, 『걸리버 여행기』에서의 '브로브딩내그Brobdingnag(대인국)'에는 리얼리티가 있을까? 당연히 우리는 걸리버가 마주한 거인이 실재하지 않는다는 것을 알고 있다. 그러나 만일 실재한다고 가정하면 어떻게 될까? 이 가정 하에서 허구의 세계의 틀이 만들어지고, 관념 속에 그 세계의 존재가 약속된다. 약속된 그 허구의 세계 속에서는 걸리버와 거인들의 관계는 모든 국면에서 현실과 상대화된 리얼리티가 요청된다. 30쪽에 인용한 [제1장 제1절의 『경화연』과 『걸리버 여행기』] 구절은 그런 리얼리티를 훌륭하게 발휘하고 있다고 할 수 있을 것이다.

또, 예를 들면, 이즈미쿄카泉鏡花[61]의 『고야히지리高野聖』[62]에서 기소木曾의 산중의 산가山家에서 백치와 살고 있는 '아가씨孃樣'가 그녀에

---

[61] 이즈미 쿄카泉鏡花(1873~1939년)는 본명이 이즈미 교타로泉鏡太郎이며, 전전시기 활동했던 일본의 소설, 단편 스토리, 가부키 희곡 작가이다. 쿄카의 글은 당시 문학계를 주름잡았던 박물학 작가들의 것과는 상당한 차이가 있었다. 쿄카의 작품들 다수는 사회의 초현실적 비판에 관한 것들이었다. 일본의 미술과 문학에서 에도시대 초기의 작품들에서 상당한 영향을 받은 초자연적 이야기를 선호하는 낭만주의의 특징적 브랜드로 유명하다.

[62] 우리말 번역본은 이즈미 교카(임태균 옮김), 『고야산 스님 .초롱불 노래』, 문학동네, 2010년.

게 번뇌를 품었던 여행 중의 남자들을 원숭이나 두꺼비, 박쥐, 토끼나 뱀으로 변신시켰다고 해서 누구도 "이것은 거짓말이다!" 등으로 항의하지는 않을 것이다. 또 이를테면, 가와바타 야스나리川端康成의 『한쪽 팔片腕』에서 아가씨가 사랑하는 남자를 위해서 "한쪽 팔을 하룻밤 빌려줘도 좋아요"라고 말하고는 오른팔을 어깨로부터 떼어 남자에게 주는 것의 리얼리티를 누구도 문제 삼지 않을 것이다.

허구의 작품세계를 구성함에 있어서는 [이야기의] 구조 자체의 리얼리티는 문제가 되지 않는다. 그것은 마치 토마스 모어가 아모로트시를 '어디에도 없는 곳'에 만들었듯이, 작자의 강한 의지와 감각이 논리를 이끌어가며 창조하고, 그렇게 만들어진 세계를 '임시로 있는 것'이라고 약속하면 되는 것이다. 리얼리티는 그 아모로트시의 성벽 내부에서 비로소 엄격하게 요구된다.

『홍루몽』 논쟁

무엇보다 문학사적 개념에 있어서의 리얼리즘 문학이란 그 취재가 현실주의적이며, 또 묘사 방법이 리얼리티를 목표로 하는 것을 가리키고 있기 때문에, 상기의 『고야히지리』, 『한쪽 팔』 능은 리얼리즘 문학이라고는 말하기 어렵다. 아마도 중국에서도 리얼리즘을 '사실주의'라고 번역하고 있었을 때에는, 상술한 초보적 원리는 상당히 이해되고 있었을 것으로 생각된다. 마오둔이 "사실주의 의 결점은 사람의 마음을 잿빛으로 만들고, 실망시키는 것이다"라고 기술하고 리얼리즘 문학에 있어서의 취재의 현실주의를 에밀 졸라 류의 자연주의에 한정시켜 버린 적도 있긴 하지만—. 그러나 해방 후가 되면, 취재 상의 현실주의를 그대로 리얼리즘과 바꾸어, 이미 기술한 의미에서의 리얼리티의 문제는 거의 방치되었던 것이다. 그 시초는 「문예강화」도 그렇지만, 아마도, 1954년의 『홍루몽』 논쟁일 것이다.

『홍루몽』 연구는 이전까지 1923년에 후스胡適가 창시하고 위핑보兪平伯와 저우루창周汝昌 등이 계승한 차오잔曹霑 자전自傳 설이 주류를 이루었다. 따라서 『홍루몽』의 작품세계와 그 작자 차오잔의 전기에 대한 면밀한 대조가 중심이었다. 그런데 1954년 리시판李希凡과 란링藍翎이라는 대학을 갓 나온 두 명의 젊은 문학가가 후스 이하의 연구방법을 소자산계급의 관념론적 문예관에 입각한 것이라고 엄하게 탄핵하고, 『홍루몽』을 봉건사회의 귀족과 지주계급의 암흑면을 폭로하고 인민의 반항을 그린 '현실주의' 소설이라고 규정했다. 더욱이 마오쩌둥이 이 두 사람을 지지하면서 이후 논란은 봉홧불같이 전국에 파급되었는데, 논쟁이라고는 해도 뒤따르는 견해는 모두 발단이 된 두 젊은이의 추종에 불과했다.

『홍루몽』의 주인공 쟈바오위賈寶玉를 둘러싼 가장 중요한 여인은 린다이위林黛玉와 쉐바오차薛寶釵인데, 바오위는 다이위를 좀 더 사랑하면서도 맺어지지 않고, 나중에 부모의 주선으로 바오차와 결혼해 최후에는 세상을 등진다. 그래서 논쟁의 추진자들은 바오위와 다이위를 봉건제에 저항하는 인민의 형상을 전형화한 것으로 보고, 바오차를 봉건제의 유지자라는 점에서는 의견의 일치를 보았는데, 그 밖의 등장인물을 어느 쪽으로 규정할 것인가의 점에서는 반드시 일치하지 않았다.

역사를 지배자에 대한 인민의 투쟁의 역사라고 생각하는 사관에서는 문학을 비슷한 역사의 반영이라고 간주할 필요가 있기 때문에, 쟈바오위 같이 우아하고 아름다운, 게다가 허무주의적인 귀족 청년도 반봉건적인 인민의 전형이라고 규정하고, 그런 까닭에 이 소설을 '현실주의' 작품으로 규정해야 했던 것이다. 여기에서 만약 '사실주의'를 리얼리즘의 번역어라고 한다면, 그때까지 확립하고 있던 리얼리즘

이론은 모순이 생기게 된다. 왜냐하면,『홍루몽』에는 봉건제에 반항하는 진정한 인민의 모습 등은 어디에도 '사실寫實'되어 있지 않기 때문이다.

정치에 의한 언어의 사술詐術

역사를 지배자에 대한 인민의 저항과 투쟁의 역사라고 규정하는 것은, 마오쩌둥 정권에게는 필수적인 것이었다. 이것은 스스로 정권의 정통성을 보장하고 정권 내부의 권력구조를 신비화하는 데 도움이 되었다. 정권 내부에 발생한 권력 투쟁에 있어서의 실패자를 '반인민적'이라고 추인하면, 정권의 정통성은 신비한 것이 되기 때문이다.

그리하여『홍루몽』논쟁을 계기로 모든 고전은 '현실주의'적인지 '반현실주의'적인지를 검증받게 됐다. 곧 그 작품의 사회경제사적인 배경이 작품에 조금이라도 반영되어 있으면 그 작품은 '현실주의'적이라는 보증을 받게 되는 것이다. 그런 연구방법이 실은 그들이 비난해 마지않는 후스 등의 전기 연구방법과 원리적으로는 완전히 동일한 것이 너무나도 명백한데, 그러한 원리 혹은 사안의 본질은 고려되지 않고, 가장 표면의 현상만이 그야말로 '현실수의'적으로 다루어지는 것이었다.

이런 연구방법에 의하면『유림외사』같이 리얼리티가 결여된 저속한 희화戱畵가 뛰어난 '현실주의'적 소설로 여겨지는 것은 너무나 당연했다.『유림외사』의 배경이 되는 당시의 과거제도가 부패하고 타락한 것은 사실이었기 때문에 작가 우징쯔吳敬梓를 과거제도의 비판자, 풍자가로 삼는 것은 정말 쉬웠기 때문이다. 그러나 우징쯔가 부패 타락한 과거제도의 비판자에 불과했음은 이미 기술한 바와 같다.

이러한 일련의 고전에 대한 재평가의 총정리로서 마오둔의『야독

우기—사회주의 현실주의 및 기타夜讀偶記—社會主義現實主義及其他』가 1958년에 발표되었다. 마오둔은 이 장문의 논문에서 "중국 문학사에서는 오랜 기간에 걸쳐 반복적으로 현실주의와 반현실주의의 투쟁이 진행되어 왔다"고 썼는데, 이것이 앞서 기술한 사관 및 사상계 상의 '중국사상사는 유물론과 관념론의 투쟁의 역사이다'라는 기본적인 견해와 궤를 같이하는 것은 말할 필요도 없다.

이렇게 모든 사상事象을 'A'인가 '반 A'인가로 분류하는 방법은 논리학상의 모든 것은 'A'인가 '비 A'인가에 지나지 않는다 라고 하는 논리로부터의 유추로 언뜻 보기에는 자못 맞는 것처럼 보인다. 그러나 'A'와 '반 A'의 분류가 실은 위험하기 짝이 없는 권력의 상대적인 역학 관계로 결정되는 것이라는 사실은, 이미 선과 악의 예, 혹은 앞 절의 예에서 너무나 명백하다. 비슷한 가치 체계 속에서 이용되고 있는 '현실주의'라는 말을 우리가 기계적으로 '리얼리즘'으로 번역하는 것은 정치에 의한 언어의 사술詐術에 현혹된 비문학적 태도로 생각된다.

제5장 작자와 독자

1. '색은'과 '본사—사실의 논증에 대하여

신홍학과 색은학

앞서 기술한 바와 같이 『홍루몽』을 처음으로 문학적으로 비평한 것은 왕워웨이王國維였다. 그때까지의 열광적인 독자들은 오로지 작중인물의 모델을 추구하는 데 열중하고, 그것을 '홍학'이라 칭하였다. 또 1954년에 비판되었던 후스胡適 이하의 『홍루몽』 연구는 '신홍학이라 불렸다('신홍학'이라는 명칭은 후스 자신이 이용한 것이나). '신홍학'은 이 소설의 판본이나 작가 전기의 실증적 연구를 위주로 하여 『홍루몽』을 작자의 자전이라고 하는 새로운 설을 이끌어냈다.

또 『홍루몽』에 한하지 않고 소설에는 반드시 숨겨진 '본사本事(문학 작품이 모델로 삼은 사실)'가 있다고 하여 독자들은 그 '본사'를 탐색하는 것에 대부분의 관심을 기울였다. 숨겨진 '본사'를 추구하는 것을 '색은索隱', 때로는 '색은학'이라고 한다. 후스는 예전의 '홍학'을 '색은'에 지나지 않는다고 하여 물리쳤으나, 그 자신의 '신홍학'도 원리적으로는 '색은학'과 똑같았다. 또 후스 등의 '신홍학'을 소자산계급 관념론적 문예관에 입각한 것으로 탄핵한 해방 이후의 연구방법도 작품의 사회경제사적 배경을 살핀다는 점에서 원리적으로는 '색은학'의 영역을 벗어나지 않는다고 할 수 있다.

이와 같이 중국인 소설독자들은 어딜 가더라도 소설을 어떤 '본사'의 임시적인 표현 형태로 생각하고, 작품세계를 하나의 완결된, 현실로부터 독립된 세계로 생각할 수 없는 사람들인 것이다. 따라서 항상 그들은 작품세계에 표현된 것을 '본사'를 갖고 논증하기를 좋아한다. 그리고 독자만 그럴 뿐 아니라, 작자도 소설의 세계를 현실과 잇닿아 있는 것에 두었다는 것은 이미 여러 차례 말한 바와 같다.

'시가 있어 증거하다 有詩爲證'

소설가에게 사실에 대한 논증은 시로 시작했다. 송대 설화의 '소설', 즉 1회만으로 끝나는 이야기(제1장 제5절 참조)를 모은 『경본통속소설』에 보이는 「추이닝을 잘못 참하다 錯斬崔寧」라는 이야기의 시작 부분은 다음과 같이 되어 있다.

> 오늘 다시 한 남자를 이야기 하려는데, 이 사람 역시 술 마시고 순간적인 농담 때문에, 당당하던 칠 척의 거구도 날려버리고, 이 사건에 말려든 두세 명이 억울하게 생명을 잃게 되었다. 무엇 때문이었을까? 시가 있어 이를 증명한다.
>
> 기구한 세상살이 실로 애달퍼라,
> 남들은 웃으면서 예사롭게 말하네.
> 흰 구름 본래 무심한 사물이나,
> 광풍에 이끌려 떠다니네.

世路崎嶇實可哀
傍人笑口等閑開
白雲本是無心物
又被狂風引出來

각설하고, 고종(高宗)⁶³ 때는······

이렇게 이야기는 본격적인 주제正題로 들어가는데, 여기서 '시가 있어 증거하다'(원문은 '有詩爲證')라고 했듯이, 어떤 정경이나 사태를 설명함에 있어 시(이 예에서는 칠언절구) 한 수를 인용하여 설화인이 떠들어대는 이야기에 얼마간의 보증을 하겠다는 것이다. 물론 시를 끌어들여 사실을 논증할 수 있는 것은 아니지만, 백화(구어) 소설은 문학으로 볼 수 없는 비천한 것이었기 때문에 시를 적당히 삽입해 일종의 장식을 붙일 필요가 있었다. 형식적인 면에서 보자면 산문과 운문이 서로 반복되는 이 형식은 당대에 발생한 '속강俗講'이나 '변문'(제1장 제2절 참조)의 영향을 받은 것이다.

일언일구도 거짓말은 하지 않는다

시대가 내려와 근대소설다운 것이 등장하자, 작자는 이야기의 전개에 변화를 주기 위한 우연의 배치를 궁리하게 되는데, 여기서 새로운 논증의 방법이 필요했다. 이것을 요시카와 고지로吉川幸次郎 박사는 다음과 같이 설명했다.

---

63 고종高宗 : 남송의 첫번째 황제(1127~1162년).

우연을 필연이라고 논증하는 것은 곧 우연과 필연을 동시에 성립시키는 것이다. 동시에 성립되기 어려운 것을 동시에 성립케 하는 것은 흥미로운 일이다. 그리고 이러한 흥미가 발생하는 것은 가공의 이야기 架空談라고 하는 것의 성질을 자각하되 허구는 현실이 아니라는 것과 함께 허구는 곧 현실을 기초로 한다는 두 가지 성질을 자각해 양자를 서로 결합시키는 데서 흥미를 발견했기 때문이라고 생각된다.(『중국소설에 있어서의 논증의 흥미』)

아래에서 『얼해화』 제21회의 서두 부분을 그 예로 들어보겠다.

화설하고 전회의 마지막에는 원칭雯靑이 바깥방으로 뛰쳐나오는 순간 갑자기 큰 소리로 외치며 바닥에 고꾸라져서는 인사불성이 되었다. 책을 읽는 이는 여기까지 읽으면 반드시 이 편이 끝나면 뭔가 대단한 고비가 나올 것이라 생각하기에, 독자로 하여금 다음을 서둘러 읽고 싶어지게 할 것이다. 이것은 원래 문인의 교활함이자 소설가의 상례라 그리 탓할 만한 것은 못된다. 다만 이 『얼해화』만은 오히려 다른 소설과 달리 공중누각이라 멋대로 [사건이] 일어났다 사라지고 붓 가는 대로 휘두르더라도 한 구절도 거짓이 없고 한 마디 말도 허황되지 않다.……그래서 당일 원칭이 갑자기 고꾸라진 것은 그 가운데 하늘의 이치와 인간의 정리가 있으니 부득불 고꾸라진 까닭은 현묘한 인과관계가 있는 것이다.[64]

또 이를테면 우워야오吳沃堯의 『겁여회劫余灰』 제5회에 보이는 이야기.

---

[64] 번역문은 일어 번역에 의거하지 않고 중국어 원문에 의거해 번역했음을 밝혀둔다.

독자 여러분! 만약 다른 소설이라면 완전婉貞 같이 지적인 아가씨가 저 부인의 귀에 거슬리는 말을 들었다면 그녀가 버들 같은 눈썹을 치켜세우고 은행 같은 눈을 동그랗게 뜨고 [화를 냈을 거라 쓰지 않을 수 없었을 것이고, 그녀의 고매한 정절이 늠연하여 가까이 할 수 없는 것이라 썼을 것이외다. [하지만 이 소설은 오히려 구구절절이 실제 이야기고 사사건건이 실제 일어난 일이기에 겉치레로 꾸미지 않고 사실에 비추어 실제 일어난 이야기를 말할 것이오.

그것 참 이 얼마나 장황한 변명인가! 하지만 이러한 예는 실제로 셀 수 없을 정도로 존재한다. 작자는 이렇게 해서 자신의 작품세계의 우월성을 옹호하는 한편, 이와 동시에 허구세계의 성벽을 무너뜨려 현실로 통하는 길을 만들고, 독자들을 현실세계 여기저기를 돌아다닌 흙발 그대로 자신의 세계에 초대하는 것이다.

독자는 그곳에서 현실을 보는 눈으로 작품세계를 바라본다. 작자 자신에 의해 허구가 아닌 진실이라고 논증된 세계를 바라볼 텐데 그밖에 어떤 시각이 있겠는가! 그리하여 독자는 감추어진 '본사'를 찾는 '색은'에 열중해 허구의 작품세계와 현실 사이에 통하는 길을 한층 더 넓히게 되는 것이다.

2. 저널리즘과 문단—전업 작가에 대하여

예인으로서의 설화인

소설 작가뿐만 아니라 중국 문학가가 그 문학 활동을 직업으로 삼은 것은 오래된 일이 아니다. 물론 예전에는 '궁정시인' 노릇을 한 시인도 있긴 했지만, 시를 짓는 것 자체는 정치에 참여하기 위한 필수적인 과정이라 할지라도 목적이 될 수 없었다. 소설 작가의 경우는 더더욱 직업이 될 수 없었다. 송대의 설화인은 직업이었지만 일개 예인에 불과했고, 명나라 때의 소설 간행 사업도 말하자면 호사가의 취미에 지나지 않았다. 우징쯔吳敬梓도 차오잔曹霑도 그 말년 10여 년 간 각각 『유림외사』와 『홍루몽』 집필에 몰두했는데, 말할 것도 없이 그것은 직업이 아니었다.

근대 소설의 경우 몹시 즉물적이면서도 중요한 것은 그 작자가 유락愉樂과 고뇌에 찬 고독한 일을 상품화하고 그것으로 생계를 유지해 나가는 것에 대한 강렬한 자각이다. 이 자각이 없는 한 진정한 근대 소설은 태어나지 않았을 것이다.

소설 작가가 직업으로 성립하기 위해서는 출판 저널리즘의 확립이 전제된다. 중국의 저널리즘은 1815년 말라카에서 발행한 『찰세속매월통기전察世俗每月統紀傳』이 최초라고 할 수 있는데, 본격적인 신문은 1872년 발행된 『신보申報』다.

저널리즘과 근대소설

전문적인 문학 간행물은 우선 동인 잡지의 형태로 탄생했다. 1872년에 간행된 『영환쇄기瀛寰瑣記』가 가장 오래된 것으로 알려져 있다. '영환'이란 지구의 바다와 육지를 총칭하는 말이기에, 정말이지 잡지 명으로는 엄청난 것이라 하겠다. 문학잡지라고는 해도 시론時論이나 시사詩詞가 압도적이어서 소설하면 영국소설의 번역 『흔석한담昕夕閒談』(원작자, 원제는 불명)뿐이다.

중국인이 유럽의 소설을 처음 번역한 것은 1899년 린수林紓가 번역한 『파리다화녀유사巴黎茶花女遺事』(알렉상드르 뒤마 피스 작 『춘희椿

姬』)로 되어 있는데, 그보다 20년이나 오래 전에 이러한 선구적인 번역이 있었다는 점은 주목할 만하다. 하지만 『흔석한담』의 역자는 "누가 소설을 벌레를 새겨 넣는 하찮은 기예雕蟲小技라고 말했는가"라고 하면서 소설의 가치를 높이려고 하는 한편 소설에는 "음탕함으로 이끌고, 도둑질을 가르치고, 간사함을 제멋대로 하고, 어지러운 것을 좋아한다導淫, 誨盜, 縱奸, 亂好는 네 가지 폐해가 있으니, 이 네 가지 폐해를 제거해야 전파될 수 있다"고 말했다.

『영환쇄기瀛寰瑣記』는 그 뒤 『사명쇄기四溟瑣記』, 또 『환우쇄기寰宇瑣記』로 개칭해 1877년 경에 정간되었다. 이윽고 1892년에 이르게 되면 상하이에서 한방칭韓邦慶의 개인적 문학잡지 『해상기서海上奇書』가 발간되었다. 한방칭은 여기에 자기가 지은 소설 『해상화열전』(제1장 제4절 참조)을 제30회까지 연재하고 1894년에 전 64회의 단행본이 출간되었다. [먼저] 소설을 잡지에 연재하고 나중에 단행하는 오늘날의 형태의 남상이다.

한방칭은 향시鄕試에 번번이 실패하여 상하이로 나갔고, 『신보』에 논설을 쓰는 한편 화류계에 빠져들어 소설을 썼다. 이 방탕한 체험이 『해상화열전』의 기초가 되었는데, 시골에서 막 올라온 소년 자오푸자이趙樸齋가 화류계의 매력에 빠져 거지로까지 전락한다는 이 이야기는 작가가 과거시험의 실패, 저널리즘으로의 변신, 방탕 등의 자신의 체험을 자전으로서가 아니라 별개의 인격으로 옮기기 위한 강력한 의지, 곧 허구의 의지에 의해 생겨난 것이다. 말하자면 '본질 이전'(이토 세이伊藤整)의 의지라고도 할 수 있는 이 의지는 이미 『홍루몽』의 작자 차오잔曹霑에게서도 무의식중에 배태되어 있었지만, 그것이 의식화되고 저널리즘과 직결되었을 때, 소설작가는 비로소 직업으로 성립되고 근대소설이 성립된 것이다.

무엇보다 독자가 '근대 독자'(도야마 시게히코外山滋比古[65]의 『근대 독자론』, 마에다 아이前田愛의『근대 독자의 성립』)로서 성립하는 것에 대해서는 다른 방면에서 고찰할 필요가 있다.

낙제 문인과 소설

그러나『해상기서海上奇書』는 한방칭의 개인 잡지와 같은 존재였기 때문에 독자층을 넓힐 수는 없었다. 그래서 본격적인 문학잡지는 1902년 량치차오가 일본에서 창간한『신소설』이 최초라고 할 수 있다.

『신소설』창간호에는 제3장 제1절에서 서술한 소설계혁명론의 선구가 된 량치차오의 논문『소설과 군치(대중 통치)의 관계에 관하여關于小說與群治之關係』와 그 자신의 실제 작품에 대한 실천으로서, 일본의 스에히로 뎃쵸末廣鐵腸[66]의『23년 미래기』를 모방한 정치소설『신중국 미래기』가 실렸다. 량치차오의 소설계 혁명론 주장을 받아서『신소설』에는 그 뒤 추칭楚卿의「문학상의 소설의 위치를 논함」, 쑹천松岑의「사정수설寫情小說의 신사회에 있어서의 관계」등의 논문이 발표되면서 소설 연재도 본격화되었다. 우워야오吳沃堯의『통사痛史』,『이십년목도지괴현상二十年目睹之怪現狀』,『구명기원九命奇寃』등은 모두『신소설』에 연재되었던 대표적인 소설이었다.

우워야오 역시 과거시험의 실패자였다. 스무 살 즈음하여 상하이의 저널리즘에 관계했고, 뒤에 일본에 놀러갔다가 량치차오의 지우知遇를 얻어 문명文名을 올렸으며, 1904년 한커우漢口로 가서 영국 자본의

---

65 도야마 시게히코外山滋比古(1923~2020년)는 일본의 영문학자, 언어학자, 평론가로 오챠노미즈여자대학 명예교수와 전일본가정교육연구회 총재 등을 역임했다.

66 스에히로 뎃쵸末廣鐵腸(1849~1896년)는 반 정부 측의 정론가, 신문기자, 중의원 의원, 정치소설가로 아명은 유지로雄次郞였는데 나중에 시게야스重恭로 바꾸었다. 뎃쵸鐵腸는 호이다.

『센트럴 차이나 포스트』지(중국명 『초보楚報』)의 주필이 되었고, 1906년 상하이로 돌아와 『월월소설月月小說』을 창간하고 그 사이에 서른 편 이상의 소설을 썼다고 하니, 순수한 저널리스트 직업 작가라 할 수 있을 것이다.

과거시험 실패자가 소설 작가가 되는 예는 이미 언급한 『유림외사』의 작가 우징쯔를 원형으로 한다. 그 이후로 『아녀영웅전』의 원캉文康, 『화월흔』의 웨이슈런魏秀仁(향시에 합격했지만 최종 단계인 전시에 실패함), 『해상화열전』의 한방칭韓邦慶, 『관장현형기』의 리바오자李寶嘉, 『노잔유기老殘遊記』의 류어劉鶚 등 청말의 대표적인 소설 작가들은 모두 과거시험의 실패자들이다. 또 1898년에 토머스 헉슬리의 『진화와 윤리』를 『천연론』으로 번역하고, 이후에도 유럽의 사상서의 번역에 힘을 기울였던 옌푸嚴復는 집안이 가난해 과거시험을 치르지 못했고, 『얼해화』의 쩡푸曾樸는 향시에는 합격했지만, 오히려 프랑스어를 배움으로써 소설 창작의 길로 들어섰다.

지식인의 두 가지 길

그리하여 과거시험을 축으로 낭시 지식계급에는 두 가지 길이 생겼다. 즉 하나는 [과거시험에] 합격해 그대로 권력체제의 기구에 가담하는 것이고, 또 하나는 거부당한 길에 미련 내지 아쉬움을 남기면서 소설작가가 되는 것이었다. 원래 이 경우에도 [과거시험에 급제해 관리가 되는 정도正道로부터 [자신의 모습을] 감추려는 수단으로 소설을 택한 사람과 관료제도의 부패와 타락을 들추어냄으로써 정치에 이바지하려는 의식을 바탕으로 소설을 택한 사람 사이에는 차이가 있었는데, 특히 후자의 경우가 량치차오의 소설계 혁명론 이후 압도적이었다.

기실 기회주의자 량치차오는 일본 망명 중에는 소설의 위상을 높이는 데 열중했지만, 그가 말한 소설은 정치소설과 거의 동의어였기 때문에, 나중에 정계에 복귀하자 더 이상 소설의 시옷 자도 말하지 않게 되었다. 그 뿐만 아니라 1915년이 되면, 「소설가에게 고함」이라는 단문을 써서 "오늘의 소설"에 대해 탄식하며, "그 중 열에 아홉은 도둑질을 가르치고誨盜, 음란함을 가르치거나誨淫, 혹은 첨산尖酸(끔찍하고 악랄한 것) 경박하고 의를 취할 바가 없는 유희의 글"이라고 설교하였다. 민국에 들어선 뒤의 량치차오는 항상 정계의 최일선에서 활약하고 있었기 때문에, 일본에 망명 중인 떠돌이의 몸으로 정치 참여에의 욕망의 카타르시스로서 소설계 혁명론을 말했던 것과는 그 소설관이 완전히 달라져 버렸던 것이다. 요컨대, 일본의 정치소설에 의해 계몽을 받은 량치차오는 소설에 대해서는 본질적으로 몰이해했다고 말할 수 있을 것이다.

량치차오와 후스

량치차오에게 설교를 들었던 1915년경의 중국의 소설계는 앞서도 말한 이른바 '원앙호접파'의 소설이 가장 흥성했던 시기였다. 다만 이 경우의 '원앙호접파'는 구태의연한 예의 재자가인 소설을 주류로 하면서도, 정관계 내막의 폭로만을 목적으로 하는 이른바 '흑막소설'이나, 탐정소설(주로 번역물)이나 협의 소설도 광범하게 포괄하고 있다. 민중은 이미 청말에 유행했던 지나치게 엄숙한 정치소설을 싫어하고, 엔터테인먼트로서의 소설을 원했기 때문에, 잡지가 잇달아 생겨났고, 그에 따라 직업으로서의 작가도 속속 탄생했다. 그 무렵 창간된 잡지 중 가장 유명한 것이 『토요일禮拜六』이라는 주간지였다. 그래서 당시 '원앙호접파'를 '토요일파'라 부르기도 한다.

그러나 '토요일파'를 공격한 것은 량치차오 같은 구식 진보파 만이 아니었다. 1915년 『청년잡지』(16년부터 『신청년』으로 개칭)를 창간한 천두슈陳獨秀는 뒤에 베이징대학 문과 과장(문학부장), 중국공산당 초대 중앙위원장 등이 되었던 인물이었는데, 그는 이 『신청년』을 무대로 삼아 오로지 신사상의 계몽에 힘썼다. 그 당시 미국에 유학해 듀이의 밑에서 실증주의 철학을 연구 중이던 후스는 천두슈에게 편지를 보내 문학의 개량에 대한 의견을 밝혔다. 그 의견이 정리되어 논문이 된 것이 1917년에 『신청년』에 발표된 「문학개량추의文學改良芻議」로, 이것을 뒤이어 천두슈도 「문학혁명론」을 발표했다. 이것이 이른바 문학혁명의 발단이다. 문학혁명을 매개로 『신청년』에 논진論陣을 두었던 사람들은 후스와 천두슈를 필두로 모두 보수파(백화소설을 문학으로 간주하지 않는 사람들)나 '토요일파'를 적으로 삼았다. 하지만 그들에게는 그들이 대망하는 새로운 문학이 무엇인지에 대한 확실한 전망이 결여되어 있었다. 그래서 1918년 루쉰의 『광인일기』가 발표되었을 때 후스는 그것이 새로운 문학이라고 직감할 수조차 없었던 것이다. [그래서] 나는 량치차오와 후스를 쌍둥이처럼 닮았다고 보지 않을 수 없는 것이다. 둘 다 가장 먼저 문학의 혁신을 이루었고, 더구나 그 논거는 심지어 실승석이었다. 또 둘 다 그 행동과 식견에 있어 발군의 국제성을 띠고 있었다. 그러나 둘 다 그 표현에 알 수 없는 공허함을 드러내고 있었다. 곧 그들은 함께 시대의 첨단을 걷는 데 있어 너무 급한 나머지 자신의 말조차 믿을 수가 없었던 것이다.

직업으로서의 작가

문학혁명 이후의 이른바 신문학 작가들이 작가를 직업으로 삼는 데 있어서는 급변하고 격동하는 사회 정세 때문에 새로운 어려움이 있었다. 루쉰은 민국 성립 초기부터 1926년까지 정부 교육부 관리였으며, 1920년부터는 베이징대학 등의 비상근 강사로 근무했다. 1926년의 '3·18 사건' 이후 베이징을 떠나 남하하여 샤먼대학, 중산대학의 교수를 역임했는데, 1927년 상하이에 도착해 거기서 비로소 이후 1936년 죽음에 이르기까지 문필 생활에 전념하였다. 루쉰은 순수한 소설작가라고는 할 수 없는데, 당시 작가들은 대체로 교사 등을 겸하면서 직업으로서의 작가라는 의식을 갖기 시작했다.

1920년대부터 1930년대에 걸쳐서는 국내의 혁명전쟁과 그 좌절, 항일전 등 가혹한 사회조건임에도 문학저널리즘과 그것을 기반으로 하는 직업 작가가 잇달아 태어났다. 전시 중 일본에서의 '순문학'의, 눈 뜨고 차마 볼 수 없을 정도의 불모不毛를 생각하면, 정치와 문학, 전쟁과 문학 등의 대비에 있어서 중국인과 일본인의 차이는 너무나도 확연하다. 이에 대해서는 다음 장에서 생각해 보기로 하자.

3. 업여작가와 집단창작―연예로서의 문학에 대하여

봉사로서의 문예

해방 이후의 중국 문학은 1942년의 「문예강화」가 제시한 노선을 충실히 실행할 것을 제일의적으로 요청받았다. 이 노선은 일체의 문예는 모든 노농병(노동자, 농민, 병사)에게 봉사하는 것이어야 한다는 것이다. 아울러 중국에서의 '문예'는 일본의 그것보다 훨씬 넓은 의미로 연극, 무극, 여러 연예, 미술 등을 포괄한다는 것에 주의하기 바란다.

그런데 노농병에 봉사하기 위한 소설을 쓰기 위해서는 애초에 지식계급 출신인 작가들이 노농병들의 생활 속으로 들어가 그들의 생활감정을 이해해야만 했다. 이를테면, 자오수리趙樹理는 지식계급 출신이면서 30년대부터 농민 속에 들어와 있었기 때문에 「문예강화」의 노선을 일찍이 실천할 수 있었지만, 작품의 '인민성'을 이른바 '고식책'으로 삼아 나중에 비판을 받은 딩링丁玲이나 어우양산歐陽山과 같은 작가도 많았다. 무엇보다 그 자오수리도 문화대혁명 중에 혹독한 비판을 받아 실각한 고명한 문학가 저우양周揚의 영향을 받았다고 비판받았다.

베스트셀러 작가들

어찌 되었든 노농병 속에 들어가 노농병을 그린 새로운 유형의 직업작가들이 50년대 후반에서 60년대에 걸쳐 배출되어 당연하게도 이른바 베스트셀러 작가 역시 나타나게 되었다. 『임해설원林海雪原』(1957년)의 취보曲波, 『상하이의 아침上海的早晨』(1958년)의 저우얼푸周而復, 『청춘의 노래青春之歌』(1958년)의 양모楊沫, 『창업사創業史』(1959년)의 류칭柳青, 『홍암紅岩』의 뤄광빈羅廣斌과 양이옌楊益言 등은 모두 해방 후의 베스트셀러 작가들이다.

1965년 3월 중국작가협회 부주석의 자격으로 일본을 방문한 작가 라오서는 다음과 같이 말했다.

> 작가협회는 출판사도 가지고 있습니다. 소설의 경우 최소 2,3만 부는 냅니다. 뤄광빈, 양이옌 공저의 『홍암』등은 4백만 부를 돌파했습니다. 인세는 작품의 질 등에 따라 8, 10, 12% 등으로 정해져 있지만, 발행 부수가 늘어남에 따라 작가의 수입은 증가 일로입니다. 필요 이상으로 수입이 있다는 것은 결코 칭찬할 일이 아니며, 특히 젊은 사람에게는 좋지 않습니다. 우리는 인세를 줄이기로 방침을 정하고 구체적인 방안을 검토 중입니다.((1965년 3월 31일, 『아사히신문朝日新聞』 석간

에 실린 「라오서 씨 종횡담」에 의함)

라오서의 이 말에서 짐작할 수 있듯이, 노농병에게 봉사하고 사랑받는 작품일수록 잘 팔리기 때문에 '인민적'인 작가일수록 부르주아적이 된다는 결과를 낳기에 이르렀다. 그 모순을 송두리째 해소한 것이 문화대혁명이었다.

직업으로서의 작가의 부정

위에서 들었던 라오서의 말 속에 엿보이는 베스트셀러 작가의 너무 많은 수입에 대한 위태로운 두려움危懼은 문화대혁명기에 홍위병의 노골적인 공격으로 폭발하였다. 더욱이 홍위병은 기성 직업작가의 과거 작품에서 온갖 '부르주아성', '반당성反黨性' 등의 인자를 찾아내 송두리째 비판하고 말살하는 풍조를 만들었다. 제3장 제3절에서 언급한 라오서의 『묘성기猫城記』에 대한 비판은 그 전형적인 예이다.

그리하여 문화대혁명의 파란이 가라앉고 나니, 예전의 직업 작가나 문학자의 거의는 어디론가 사라져 버렸던 것이다.……

직업으로서의 작가가 부정당하면, 소설의 새로운 저자는 필연적으로 노농병 속에서 나타나지 않으면 안 된다. 이들은 노, 농, 병을 본업으로 삼아 소설을 쓰기 때문에 '업여작가業餘作家'로 불린다. 무엇보다 업여작가는 문화대혁명보다 훨씬 더 거슬러 올라가는 1950년대에 이미 생겨났다. 제1장 제3절에서 기술한 바 있는 『가오위바오高玉寶』의 가오위바오는 해방군 병사이며, 제2장 제2절에서 기술한 『어우양하이의 노래』의 진징마이金敬邁 역시 해방군 병사이다. 그리고 이 두 작품이 그러하듯 '업여작가'라는 것은 '진인진사實人眞事(실제 인물, 실제 사건)'를 쓰라는 지도를 받았다. 하지만, 이 '진인진사'의 방법이야말로, 해방 후의 '업여작가'뿐만 아니라, 중국인이 쓰는 소설의 궁극적인 방법, 즉 '현실주의'의 방법이었다는 것은 다시 말할 필요도 없다.

집단창작

직업으로서의 작가의 부정은 개인에 의한 창작의 부정으로도 이어진다. 여러 작가들이 토론을 거듭해서 소설을 쓴다고 하는 현상은 공쿠르 형제를 저명한 예외로 삼더라도 또한 탐정소설의 분야에서는 간혹 볼 수 있는 일이긴 하지만(이를테면 미국의 엘러리=퀸[67]이나 프

---

[67] 엘러리 퀸은 20세기 미스터리를 대표하는 거장이다. 작가 활동 외에도 미스터리 연구가, 장서가, 잡지 발행인으로 잘 알려져 있다. 또한 '엘러리 퀸'은 그의 작품 속에 등장하는 탐정 이름이기도 한데, 셜록 홈스와 명성을 나란히 하는 금세기 최고의 명탐정이다.
엘러리 퀸은 한 사람의 이름이 아니라 만프레드 리Manfred Bennington Lee(1905~1971년)와 프레더릭 다네이Frederic Dannay(1905~1982년), 이 두 사촌 형제의 필명이다. 둘은 뉴욕 브루클린 출신으로 각각 광고 회사와 영화사에서 일하던 중, 당시 최고 인기였던 밴 다인S. S. Van Dine의 성공에 자극받아 미스터리 소설에 도전하기로 마음먹는다. 그들의 계획을 현실로 만든 것은 『맥클루어스』 잡지사의 소설 공모였다. 탐정의 이름만 기억될 뿐, 작가의 이름은 쉽게 잊힌다고 생각해, '엘러리 퀸'이라는 공동 필명을 탐정의 이름으로 삼았다. 그들이 응모한 작품은 1등으로 당선됐으나, 공교롭게도 잡지사가 파산하고 상속인이 바뀌어 수상이 무산된다. 하지만 스토크스 출판사에 의해 작품은 빛을 보게 됐는데, 바로 엘러리 퀸의 역사적인 첫 작품 『로마 모자 미스터리』(1929)였다. 이후 엘러리 퀸은 논리와 기교를 중시하는 초기작부터 인간의 본성을 꿰뚫는 후기작까지, 미스터리 장르의 발전을 이끌며 역사에 길이 남을 걸작들을 생산해냈다. 대표작은 셀 수 없을 정도이나, 그가 바너비 로스 명의로 발표한 『Y의 비극』(1932)은 '세계 3대 미스터리'로 불릴 만큼 높은 평가를 받고 있으며 중편 「신의 등불」(1935)은 '세계 최고의 중편'이라는 별칭을 가지고 있다. 그밖에 『그리스 관 미스터리』(1932), 『이집트 십자가 미스터리』(1932), 『X의 비극』(1932), 『재앙의 거리』(1942), 『열흘간의 경이』(1948) 등은 미스터리 장르에서 언제나 거론되는 걸작들이다. '독자에의 도전'을 비롯해 그가 작품에서 보여준 형식과 아이디어는 거의 모든 후대 작가들에게 영향을 미쳤으며 특히 일본의 본격, 신본격 미스터리의 기반이 됐다.
작품 외에도 엘러리 퀸은 미스터리 장르의 전 영역에 걸쳐 두각을 나타냈다. 비평서, 범죄 논픽션, 영화 시나리오, 라디오 드라마 등에서도 활동했으며, 미

랑스의 포와로=날스잭은 두 작가의 합작명이다), 세계의 근대소설에는 거의 존재하지 않는다. 왜냐하면 문학으로서의 소설은 줄거리의 구성과 어떠한 사상성만으로 성립할 수 있는 것은 물론, 그 구조 내부의 모든 세부사항이 각자 자기목적화하고, 또한 자기목적화한 언어 곧 문체를 유지해야 하기 때문이다. 탐정소설이 제4장 제2절에서 말했듯이 허구의 원리를 빠짐없이 갖추긴 했지만, 소수의 예외를 제외하고는 독자는 다시 읽는 것을 감내하지 못하고 또 작자도 [독자가] 다시 읽을 것을 기대하지 않는 것은, 실로 허구의 원리만을 갖추면서 문체(문학성이라고 해도 좋다)를 무시하고 있기 때문이다.

복수 작가에 의한 이른바 '집체(집단) 창작'은, '무엇을' 쓰는가의 세련에는 꽤 유효하겠지만, '어떻게' 쓰는가 하는, 사실 이것이야말로 문학의 생명인 언어의 세련에는 치명적일 것이다. 그래서 복수작가 앞에 가능한 것은 탐정소설이라든가, '진인진사'의 르포르타주나, 연예물이다. 사실 최근 중국에서는 뒤의 양자만이 '문예'로 남았다.

'집체창작'은 1936년경부터 제창되고 있었지만, 저명한 실례로 오래된 것은 1944년 옌안延安에서 초연된 가극 『백모녀白毛女』(제2장 제1절 참조)이다. 문화대혁명 이후에는 특히 '집체창작'이 성행해 『홍등기紅燈記』나 『지취위호산智取威虎山』 등의 혁명 현대 경극, 『백모녀』나 『홍색낭자군紅色娘子軍』 등의 혁명 현대 무용극, 심지어 이것들을 일본에서 말하는 '극화'로 만든 '연환화' 등이 모두 '집체창작'이다.

국미스터리작가협회 회장을 역임했다. 또 현재에도 발간 중인 『EQMM 엘러리 퀸 미스터리 매거진』(1941년 시작됨)을 발간해 앤솔러지 등을 출간하며 수많은 후배 작가를 발굴하기도 했다. 미국미스터리작가협회는 이러한 엘러리 퀸의 공을 기려 1969년 '『로마 모자 미스터리』 발간 40주년 기념 부문'을 제정하기도 했으며 1983년부터는 미스터리 분야에서 두각을 나타낸 공동 작업에 '엘러리 퀸 상'을 수여하고 있다.

근대소설은 사라졌는가?

그런데 오늘날[1976년 이전, '문화대혁명' 기간] 중국의 '문예'에서 직업작가가 독립적으로 창작한 소설은 사라지고 무대에서 펼쳐지는 현대경극과 현대무극 등만이 성행하고 있는 상황은 송대의 민중연예 설화를 상기시키지 않는가? 그렇다. 현대 중국인들은 '문예' 면에 있어서는 『금병매』 이래로 근대소설로 접근하려는 노력을 모두 포기하고 송대의 옛날로 크게 회귀한 것이다. 현대 중국에서는 우리가 의미하는 문화 개념으로서의 근대소설은 사라져버린 것이다.

그러나 그러나 말이다. 이야기를 쓴다고 하는 마력적인 재미를 알아버린 사람이 종국적으로 그것을 방기할 수 있는 것일까? 송대의 설화도 이것을 기록해서 글로 남기는 것으로 문학의 길을 걷기 시작한 것이다. 실로, 이 '기록해서 글로 남긴다'는 행위야말로 괴물 같은 것이라 언어의 마력적인 자기장에 감응하는 사람을 그렇게 민중예능의 장에서 비상시켜 강제로 밀실의 서재로 납치해 버렸던 것이다. 언어를 사상 표현의 [유일한] 수단으로만 생각하는 사람들은 언어의 자립성을 범했다는 한 가지로 인해 언어의 보복을 받게 될 것이다. 그때 근대소설은 소생한다.

왜냐하면 이것이 언어의 숙명이기 때문이다.

제6장 일본인과 중국인

1. '코카코라'와 '커커우커러' — 언어 감각에 대하여

'입에도 맞아야 하고 즐겨야만 하고'

'코카코라コカ・コーラ'[68]라는 말은 일본어에서는 어떠한 개념도 환기하지 않는다. 물론 오늘의 일본인은 '코카코라'라고 하면, 세 살짜리 아이라도 그 맛, 그 색깔, 그 병 모양 등등을 떠올릴 수 있다. 하지만 '코카코라'로 발음되는 이 말을 미국산 청량음료인 코카콜라Coca Cola와 일치시키는 논리적 근거는 일본어 어디에도 없으며, 선적으로 기억과 습관에 의해서 그 아이덴티티(이것도 일본어로 번역하기 어려운 말이다!)를 해내고 있는 것이다.

중국어로는 코카코라를 '커커우커러可口可樂'라고 한다. 홍콩 밤거리의 굉장한 네온 광고 속의 왕자다. 발음은 일본인의 '코카코라 kokakōra'보다도 원음의 Coca Cola에서 훨씬 멀지만, 그래도 뭐 '딱 들어맞지는 않으나 비슷하기는 하다.' 그러나 문제는 다음이다. '커커

---

[68] 여기서 '코카코라コカ・コーラ'는 '코카콜라Coca Cola'의 일본어 식 발음이다.

우커러可口可樂'라는 것은 '입에도 맞아야 하고 즐겨야만 하고' 의미이기 때문에, 막연하긴 하지만 뭔가 즐거운 음식물이라는 개념만은 환기할 수 있을 것이다.

이 비근한 예에 드러난 것은 외래어에 대한 일본인과 중국인의 반응 차이에 그치지 않는다. 외래문화, 아니 문화일반에 대한 양자의 사고방법의 차이를, 즉 양자의 언어감각의 차이를 나타내고 있는 것이다. 좀 더 예를 들어보기로 하자.

핸들은 호코텐빠

오늘날 우리의 일상어에 밀접하게 들어와 있는 펜, 텔레비전, 가솔린, 에스컬레이터, 크레용, 캬베츠[cabbage 양배추의 일본식 발음], 마카로니 등등은 이제 어떻게 뒤바꾸어도 일본어로 번역할 수 없다. 우리의 탁월한 기억력과 만사에 쉽게 적응하는 특성이 그 자체로 어떠한 개념도 환기시킬 수 없는 이러한 외래어를 재빨리 자가 약 상자 속의 것으로 만들어 버렸다. 만약에 억지로 국수로 일관하자면 과거 옛 육군의 군대 용어처럼 무섭고 반사회적일 뿐이다. 『일본 육군 용어』(『언어생활』 1973년 7월호 수록)에 따르면, 구 육군에서는 핸들을 '호코텐빠方向轉把ほうてうてんぱ', 타이어는 '린타이輪帶りんたい' 등으로 불렀다고 한다. 이른바 '적성어敵性語'[69]를 배제할 필요가 있기 때문에 생겨난 것이기는 하지만, 이런 명명법은 아이러니하게도 당시의 '적성어'의 하나인 중국어의 득의로 삼는 바이다.

오늘날의 일본어에 범람하고 있는 외래어 몇몇은 확실히 일본어로

---

69 적성어, 제2차 세계대전 당시 일본의 적이었던 미국과 영국에서 들어온 영어식 일본어 표현(적국의 언어)을 의미한다.

는 표현할 수 없는 무언가를 훌륭하게 표현하고 있다. 나 또한 가타카나를 가능한 배제하고 글을 쓰노라면 어딘가 철저하지 못하고 혹은 문장의 리듬의 요청으로 가타카나를 끌어올 때가 있다. 이 책의 문장도 그 예에서 벗어나지 않는다.

그런데 일본인은 외래어를 상용함에 있어서 그 말의 본래 의미를 심하게 왜곡하는 경우가 있다. 아르바이트[70], 게바르트[71], 팡탈롱[72] 등의 일본어에 있어서의 의미를 생각하면, 이것들이 원래 의미의 일부 밖에 파악하고 있지 않다는 것은 이미 분명하다. 그 뿐만 아니라 유사한 현상은 천 년 전 일본인에 있어서의 외래어 즉 중국어의 수용에 있어서도 발생했으니, 오랜 왜곡의 역사가 일본을 비극으로 몰아넣은 적도 있었다.

예전의 일본인이 자주 입에 올렸던 '화혼한재和魂漢才'라는 말은 스가와라노 미치자네菅原道眞의 조어라는 설도 있었지만, 실은 에도 막부 말기의 국학자(히라타 아츠타네平田篤胤) 정도 되는 사람의 조어라고 생각된다. 원래 이 말은 『겐지 모노가타리源氏物語』(오토메乙女의 권)에 보이는 "재를 바탕으로 해야만 야마토 다마시히[73][和魂]의 세상에서 [실무적인 능력(정치가로서의 역량)이] 인정받고 중시되는 분도 강고하게 보셔실 것이다"[74]라는 유명한 대목에서 유추한 것이나. 이

---

70 독일어 'Arbeit'로 1. 학생어 아르바이트; (특히, 학생의) 부업; 또, 부업을 하는 사람. 2. (학문상의) 업적, (연구) 성과를 의미한다.

71 독일어 'Gewalt'로 폭력; 분쟁·데모 때의 실력 행동(본디, 학생 운동가의 용어)을 의미한다.

72 프랑스어 'pantalon'으로 상표명 팡탈롱(아랫부분이 나팔처럼 넓은 여성용 바지)을 의미한다.

73 여기서 '다마시히たましひ'는 1. '다마たま(혼魂)와 동의어. 2. 마음의 움직임, 정신, 지혜, 사리분별. 3. 천분天分, 재능을 의미한다.

74 이 말은 겐지가 아들인 유기리에 대한 교육 방침을 말하는 대사로, "재를 근본으로 삼아야 야마토 다마시히의 세상에 등용된 분도 강고하게 모실 것이다才を本としてこそ, 大和魂の世に用ひらるる方も, 強う侍らめ"로도 쓸 수 있다.

'재'라는 것은 두 말 할 것도 없이 '한재漢才', 즉 중국의 학문을 가리키는 말인데, 어째서 '재'가 일본에 온 이후로 학문의 의미를 갖게 되었는가? ―이것이 나의 의문의 발단이다.

'다마시히'는 커먼 센스

원래 '화혼한재和魂漢才'라는 성어가 '화혼'과 '한재'를 합친 것임은 말할 필요도 없지만, 관점을 바꾸어 보면 '화한和漢'과 '혼재魂才'의 조합이기도 하다. 그런데 중국에는 '혼재魂才' 혹은 '재혼才魂'이라는 숙어는 존재하지 않는다. '혼'이란 사후에 '백魄'과 분리되어 육체로부터 떠나버린 '인혼人魂'이고, '재'란 타고난 재주이기 때문에, '혼재'라는 말은 있을 수 없다. 그런 까닭에 '재'와 결합할 수 있는 것은 타고난 '재'에 대해 후천적으로 경험적으로 획득한 '학學', '식識', '예藝' 등으로, 실제로 중국어에는 '재학才學', '재식才識', '재예才藝' 등의 숙어가 존재한다.

한편 일본어의 '다마시히魂'의 어원에 대해서는 여러 설이 있는데,

나아가 "한학의 학식·교양을 기본으로 해야, 일을 처리하는 실무적인 능력이 세상에서 중히 여겨진다는 것도 확실할 것입니다漢學の學識·教養を基本にしてこそ, 物事を處理する實務的な能力が世間で重んじられるということも確實でしょう." 또는 "학문이라는 기초가 있어야 정치인으로서의 임기응변적 역량이 세상에 중시되는 것도 더욱 강점이 있다學問という基礎があってこそ, 政治家としての臨機の力量が世間に重んじられることも, 一層強みがございましょう"로 풀이할 수 있다. 여기서 '재才'는 학문, 특히 당시의 정식 학문인 한학漢學, 유학儒學의 지식을 말하며, '야마토 다마시히大和魂'는 일본의 실정에 맞는 유연한 지혜의 뜻으로, 구체적으로는 정치가로서 임기응변에 능한 실무적인 역량이라는 의미로 쓰이고 있다고 볼 수 있다. 그러므로 문장의 의미는 대략 '학문의 기초를 확실하게 몸에 지녔을 때 비로소 사물을 처리하는 실무적인 능력(정치가로서의 역량)을 세상으로부터 확실하게 인정받게 될 것이다.' 정도로 해석된다.(이상의 내용은 상명대 일본어지역학 전공 김유천 교수의 도움을 받았음을 밝혀둔다.)

중국어의 '혼'과 마찬가지로, '인혼'이었다는 설이 유력하다. 그래서 중국에서 '혼'이라는 글자가 들어왔을 때, 이것에 '다마시히たましひ'라는 훈訓을 붙인 것은 지극히 자연스러웠다. 그러나 나라 조奈良朝에 이르러 『일본서기』(숭신기崇神紀)에 "나이 열아홉에 황태자가 되었다. 식성識性이 총명하고 영민했다"라는 기술이 보이는데, 이 '식성'에 '미타마시히みたましひ'라는 현토가 붙어 있다. '식성'이란 중국어에서는 시비是非, 선악善惡, 곡직曲直, 정사正邪 등을 변별하는 능력을 의미하기에 요즘 식으로 말하자면 커먼 센스common sense라고나 할까, 후천적으로 경험적으로 습득하는 '식'과 타고난 '성'이 그런 커먼 센스를 형성한다고 여겨진다. 예의 『겐지모노가타리』 중 '야마토 다마시히やまとたましひ'란, 따라서 많은 겐지 학자가 지적한 대로, '일본인에게 고유한 커먼 센스'라는 뜻이다.

그런데 헤이안 조平安朝 말이 되자 '식'만으로 '다마시히'를 뜻하게 되었다. 『유취명의집類聚名義集』이라는 자서에서는 '다마시히'의 항목에 '식성識性'과 '식識'을 병기하고 있다. 경험적인 습득을 의미하는 '식'만으로 '식성'의 의미를 따르는 것은 일본인이 '식성'의 '성'을 무시하고 제멋대로 생략한 결과일 수 있다. 그것 말고는 이 진기한 현상을 논리적으로 설명할 방법이 없다.

그러나 '식성'의 '식'만이 살아남고 나아가 '식' 본래의 의미는 상실된 것과 같은 현상이 다른 숙어에서도 일어났다. '재학', '재식', '재예' 등의 숙어에서 '학', '식', '예'가 생략되어 '재'만 되었을 때, 본래 타고난 것을 의미하는 '재'는 뜻밖에도 후천적, 경험적 습득의 의미로 바뀐 것이다, 이것은 바꿔치기이자 눈속임이다. 그러나 오늘날의 일본인이 외래어에 대해 완전히 똑같은 짓을 한 것을 생각하면, 우리 조상이 바꿔치기의 명수였던 것은 조금도 이상한 일이 아니다. 그리하여 '한재'가 '한학'이 되는 수수께끼는 외래어 음의 생략과 의미의 바꿔치기라는 일본인의 기묘한 성벽에 의해서 비로소 풀리는 것이다.

'화혼양재'와 '중체서용'

'혼재魂才'라는 일본의 숙어는 이렇듯 '혼魂[たましい]=식識[たましい] (커먼 센스)'과 '재才(학문學問)'라는 대립 개념이 되는데, '다마시히たましひ'의 의미는 무로마치室町[1393~1582년] 이후 점차 변화하여 마음의 정수 같은 것을 가리키게 된다. 고대에 '다마(정수精髓)'가 '노히(之ひ)'하는 것으로 구상적으로는 '인혼人魂(人だま)'를 가리키던 것이 에도江戶[1603~1867년] 중기의 국학의 융성을 맞이하면, 이것은 마음의 정수 그 자체를 의미하게 되고, 게다가 '야마토 다마시和魂'가 되면, 극히 국수주의적인 일본 고대 정신의 우월성을 보여주는 말이다. 모토오리 노리나가本居宣長[75]의 『우비산도宇比山踏』에 이런 말이 있다. "또한 예의 책들(『고사기』이하 7개의 책을 가리킴)을 일찍이 읽는다면, 야마토 다마시가 보다 견고해지고 가라고코로漢意[76]에 빠져들지 않는 방책으로서도 분명히 좋을 것이다." 이것이 그 중요한 증거이다.

아마도 이렇게 해서 '화혼한재'라고 하는 중국인들에게는 말도 안 되는 일본식 한자어가 등장하고, 메이지 시대[1868~1912년]에 들어와서 조어되었다고 생각되는 '화혼양재和魂洋才'로 발전했을 것이다. 태평양전쟁에 접어들자 '한재'도 '양재'도 모두 내버리고, 오로지 '야마토 다마시和魂'에만 매달리게 되고, 전후가 되면 이번에는 오로지 '양재

---

75 모토오리 노리나가本居 宣長(1730~1801년)는 에도시대 일본의 국학자이자 문헌학자, 의사이다.
76 '가라고코로からごころ漢意'는 '唐心', '漢心', '唐意'라고도 쓰며, 한서漢書, 특히 유교에 감화되어 중국에 심취하는 마음; 중국식 사고방식; 중국식 문화·문물에 심취하는 경향을 가리킨다.

로의 일변도로 [흘렀괴, 그리고 1972년 가을[77] 이후에는 정서적인 '한재' 열풍이 되어 오늘에 이르고 있다.

한편 1840년 아편전쟁에서 영국에 참패한 중국인은 오랫동안 야만인으로서 경멸하던 유럽인의 기계 문명에 남몰래 혀를 내둘렀다. 그래서 유럽의 기계문명을 배워야 할 필요가 있었지만, 그래도 자국의 문명에 대한 강렬한 자부심이 '중학(중국학문)을 체體로 삼고, 서학(서양의 학문)을 용用으로 삼는다'고 하는 이른바 '중체서용中體西用'론을 기본으로 삼게 되었다. '체용體用'이란 송대 주자학에서 대대적으로 제창했던 개념으로 사물의 본질과 그 기능이라는 의미이다.

'반드시 이름을 바르게 할지니'

그들이 접한 유럽의 학문은 병기나 선박 등의 제조의 학문 곧 실학에 한정되어 있었기 때문에, '용'으로서의 '서학'은 아무래도 '체'로서의 '중학'보다 더 폄훼될 수밖에 없다. 따라서 어떠한 유럽의 사물도 있는 그대로 중국에 수용되지 않았다. 그들은 유럽의 사물을 손에 넣으면 하나하나를 의심스럽게 검증하고, 그 '체용'을 명시하는 이름을 부여하지 않을 수 없었다. [하지맨 중국인들은 그 자체도 아무런 개념노 환기시키지 않는 외래어 등은 견딜 수 없었다. "반드시 이름을 바르게 할지니"(『논어』)라는 정신은 오늘날에도 살아있다. 그리하여 펜은 '강

---

[77] 1972년 9월 28일 베이징에서 당시 중국 총리인 저우언라이周恩來[73세]가 일본 총리 다나카 가쿠에이田中角榮(54세)와 오히라 마사요시大平正芳(52세) 외상을 초대해 연회를 베풀고 중일 공동성명을 채택함으로써 두 나라가 정식 수교한 것을 가리킨다. 공동성명에서 일본은 중국공산당이 중국의 유일한 합법정부이며, 대만이 중국의 일부라고 인정했으며, 중국은 일본에 대한 전쟁배상금을 영원히 포기한다고 선언했다. 다나카 총리는 과거 일본이 중국에 피해를 준 사실에 "깊은 반성을 표한다"며 사죄했다.

비鋼筆'이고, 텔레비전은 '뎬스電視'이며, 가솔린은 '치유汽油'이고, 에스컬레이터는 '뎬동푸티電動扶梯'이며, 크레용은 '라비蠟筆'이고, 캐비지는 '쥔신차이卷心菜'이며, 마카로니는 '통신펀通心粉'이 되었다.

여기까지 이르면, 비속한 예에서는 '코카코라'와 '커커우커러', 고급스러운 예에서는 '화혼양재'와 '중체서용'에서 볼 수 있는 일본인과 중국인의 언어감각, 곧 사고방법의 차이가 분명해진다.

하지만 무엇보다도 '이름을 바로잡지 않을 수 없는' 중국인도 근대문학에 있어서는 비극적인 혼미에 빠졌다.

리얼리즘을 '사실주의'로 번역하고는 그리고 나서 정치적인 필요에 의해 '현실주의'라고 번역한 중국인들은 그것만으로는 포괄할 수 없는 문학 영역의 다양한 개념에 곤혹스러워졌다. 『문예강화』 구판의 '무산계급의 현실주의'가 신판에서는 '사회주의적 현실주의'로 바뀌었다. 또, 그 '사회주의적 현실주의'에 도달하는 길은 '혁명적 현실주의'와 '혁명적 낭만주의'의 결합으로 설파되었다. 또 '적극적 낭만주의'는 '현실주의'에 가깝지만 '소극적 낭만주의'는 '반현실주의'인 것으로 규정되었다. 또 '사회주의적 현실주의'의 창작방법은 '혁명적 낭만주의'와 '현실주의'의 결합이라고 선언되었다…….

'코카 코라'나 펜 같은 거라면 그걸로 그만이다. '이름을 바로잡은' 바로 뒤에 손에 닿는 촉감이 확실한 것, 만만치 않은 존재감을 동반한 것이 따라오기 때문이다. 그러나 문학이란 아무리 노농병과 한 몸이 된다 해도 쓸 때는 펜 하나에 의지하여 부정형의 관념을 말로써 표현하지 않으면 안 되는 것이다. 그 행위에 '이름을 바로'잡고자 했을 때, 중국인은 '**주의'의 제약을 받아 표현의 가장 본질적인 부분, 가장 신성한 부분을 박탈당했던 것이다.

2. 데카당스와 혁명작가의 운명에 대하여

궈모뤄와 위다푸

문학혁명이 일어난 지 얼마 지나지 않아 중국에는 두 개의 문학그룹이 결성됐다. 하나는 1920년에 마오둔茅盾, 저우쭤런周作人 등에 의해 결성된 문학연구회이고, 또 하나는 1921년에 일본 유학 중인 위다푸郁達夫 등에 의해 결성된 창조사이다.

궈모뤄郭沫若는 잘 알려진 대로 현대 중국의 요인 가운데 한 사람으로, 해방 후에는 1959년까지 부총리, 과학원 원장, 문화교육위원회 주임을 지냈으며, 현재는 중국공산당 중앙위원회 위원(입당은 1958년), 중일우호협회 명예회장이다.

규슈대학九州大學 의학부에서 공부하다가 유학 중 창조사創造社를 결성하고, 시집 『여신』을 통해 문학가로 출발했다. 1926년 국공합작군에 투신하여 펜을 버리고 북벌에 참가했다가 28년 장졔스蔣介石의 체포령을 피해 일본으로 망명해 중국 고대사회 연구에 몰두하였다. 1937년 항일전의 시작과 함께 일본을 탈출하여 충칭重慶정부 아래에서 문화공작에 종사하다가 점차 역사연구와 극작에 전념하면서 장졔스의 독재에 반대하는 정치 활동에 참가해, 해방을 맞이했다. 이 진폭이 큰 다채로운 경력은 관료제도의 계단을 한 걸음씩 올라간 정치인만을 가진 일본인들로서는 눈이 휘둥그레질 일이다.

창조사를 결성한 초기부터 궈모뤄의 맹우였던 위다푸 또한 다양한 문학 활동 끝에, 1938년부터 싱가포르, 수마트라에서 떠돌았는데, 특히 1942년 수마트라에 건너간 뒤에는 이름도 자오롄趙廉으로 바꾸고 신분을 감추었다가 결국 종전 직후 옛 일본군 헌병대원에게 살해되었다고 전해진다. 시신은 아직도 묘연하다.

귀모뤄와 위다푸, 문학적 출발을 같이 한 이 두 문학가의 생애는 저마다 영광과 비극으로 극적으로 치달렸다. 어찌 되었든 그들의 궤적은 문단이라는 좁은 특수한 사회 속에서 계속 서식해 온 일본 문학가들의 그것과는 거의 비교하기가 어렵다.

그런데 위다푸의 소설은 일본의 사소설私小說과 비슷하다는 말이 자주 언급되고 있다. 위다푸는 퇴폐적인 생활을 즐겨 썼기 때문에 그런 점에서는 현상적으로 일본의 사소설과 많이 닮았다고 할 수 있다.

'도망 노예'

일본의 사소설은 사회질서의 견고한 현실을 외면한 남자들이 데카당스한 생활에 일종의 패덕悖德적인 희열을 안고 써내려간 그 생활 기록이다. 하지만 이 데카당스에는 조리스-카를 위스망스[78]의 기이한

---

[78] 조리스-카를 위스망스Joris-Karl Huysmans(1848~1907년)는 프랑스의 소설가로 1848년 네덜란드 출신 화가 빅토르고드프리드 위스망스와 프랑스 출신 교사 엘리자베트 말비나 바댕 사이에서 태어났다. 고등학교를 자퇴한 뒤 바칼로레아에 합격해 법과대학에 진학하지만 문학에 심취했으며, 내무부 공무원으로 일하며 정년까지 직장 생활과 글쓰기를 병행했다. 위스망스는 1874년 산문집『당과 항아리』를 자비 출판하며 데뷔한다. 당시 졸라와 자연주의에 열광한 그는 『마르트, 어느 창녀의 이야기』,『바타르 자매』,『결혼 생활』등 자연주의적 소설들을 주로 쓴다. 그러나 1884년 데카당적 면모를 드러내는 『거꾸로』를 통해 새로운 소설을 모색하며 자연주의에서 벗어나고자 한다. 그러한 의도는 1891년 『저 아래』를 통해 더욱 두드러진다. 이후 위스망스는 가톨릭으로 개종하고 『출행』(1895),『대성당』(1898),『제3회인』(1903)을 출간한다. 소설가 위스망스는 문학비평가이기도 했다. 활동 초기 평론「졸라와 목로주점」을 발표했고, 상징주의 선구자 베를렌과 말라르메가 주목받도록 조명했다. 미술비평에서도 업적을 남겼다. 비평서『현대미술』과『어떤 이들』을 펴내며 당시 배척받던 인상주의를 지지했고 특정 유파에 속하지 않는 화가들을 발굴했다. 위스망스는 1900년 리귀제 생마르탱 수도원에서 제3회인으로 생활하기 시작하지만 상황이 여의치 않자 파리 베네딕트파 수도원 분회당에 정착했다. 순례지 루르드를 여행한 뒤『루르드의 군중』을 펴낸 해인 1906년 구강암이 발병한다. 1907년

작품 『전도顚倒』⁷⁹의 주인공 데 제쌩트[와 같은] 우아함과 현학pedantry이 철저하게 결핍되어 있다. 파멸로 기울어져 가기 위한 허구는 무엇 하나 필요 없고, 술과 여자와 여러 가지 트리비알trivial한 것들에 둘러싸인 지저분한 다다미 네 장 반만 있으면 그들은 충분했다. 현실을 외면하고 그들이 형성한 특수한 사회 즉 문단만이 허구이며, 그 틀은 데카당스 지향의 의식만으로 만들어져 있었기 때문에, 허구라고 보인 것은 허구도 아무것도 아니고, 현실 그 자체에 지나지 않았다. 요컨대 그들은 현실에서 도망친 것처럼 보였지만 도리어 현실의 노예가 된 '도망 노예'(이토 세이伊藤整)에 지나지 않았던 것이다.

쇼와昭和 시기에 이르러 배출된 프롤레타리아 작가들은? 그들 또한 현실을 부정하고 현실을 파괴하려고 하면서도 그 힘을 갖추지 못하고, 혁명 지향 의식만으로 만들어진 틀 안에서 생활기록을 써 내려갔다는 점에서 사소설 작가들과 다를 바 없다. 다른 것은 아마도 사소설 작가

5월 11일 사망했다. 유해는 파리 몽파르나스 묘지에 묻혀 있다.

79 이 작품의 우리말 번역본의 제목은 『거꾸로』(유진현 옮김, 문학과지성사, 2007년)이다. 흔히 '세기말 문학의 정수', '원조 컬트 소설', '데카당의 지침서'로 불리는 이 소설은 무궁무진한 의미망을 가진 난해하고 독특한 작품이다. 1884년 출간되어 프랑스 문학, 특히 소설 분야에서 전례를 찾아보기 힘든 큰 반향을 일으켰고 이후 꾸준한 관심과 논의의 대상이 되어왔다.
내용은 한 귀족 가문의 마지막 후손이 세상에 염증을 느껴 약 일 년간 자신이 꾸민 인공낙원에서 침거를 시도하나 결국 실패한다는 것으로 요약할 수 있는데, 전통적인 의미에서의 줄거리는 없는 소설이다. 주인공 데 제쌩트의 몽상과 과거에 대한 회상, 다양한 주제들에 대한 철학적·미학적인 성찰로 처음부터 끝까지 채워져 있는 것이다.
은둔생활의 종결에 대한 내용인 마지막 16장을 제외한 열다섯 개의 장들은 크게 시각, 후각, 청각 등의 감각을 다룬 부분과 문학, 미술, 음악 등 예술 작품에 할애된 부분, 그리고 데 제쌩트의 과거의 기억과 포개지는 내면세계를 묘사한 부분으로 나누어볼 수 있다. 데 제쌩트는 문학 작품들에 대한 기존의 모든 평가들을 부정한다. 문학사의 주류를 형성하는 작품들과 그 작품들에 대한 칭송들로만 가득한 세상에 역겨움을 느끼는 것, 그 모든 낡은 것들, 낡은 것을 낡은 것으로 인식하지 못하는 고루한 식견들 틈에서 데 제쌩트는 환멸을 느끼고 혼자만의 인공낙원을 건설하고자 했던 것이다.

의 일부에게 전해지는 '예藝'의 의식이, 프롤레타리아 작가에게는 없다는 것일 것이다.

위다푸의 소설

그렇다면 위다푸의 소설은 어떤가. 위다푸의 처녀작인 『침륜沈淪』은 창조사가 결성된 해, 즉 1921년에 발표되었다. 이 소설은 일본에서 유학 중인 중국인 학생이 중국인이라는 이유로 일본인들처럼 자유롭게 성욕을 발산시키는 것도 여의치 않았고, 점차 자학의식에 시달리다 일종의 우울증에 빠져 죽음을 결심하는 것이다. 소설의 말미는 다음과 같은 비통한 절규로 되어 있다.

"조국이여 조국! 나의 죽음은 네 탓이다."
"네[조국]는 빨리 부자가 되고 강해져라!"
"네[조국]는 여전히 수많은 고통 받는 젊은이를 거느리고 있구나!"

이 절규 형의 3행은 루쉰의 『광인일기』 말미의 "아이들을 구해야 한다……"고 중얼거리는 것과 비슷한 행을 답습한 것이다. 동시에 구원이 없는 현실을 그려내 최후에는 미래에 구제를 요구하는 소리를 내고 있다.

『침륜』이 발표되자 각 방면에서 거센 공격이 쏟아졌다. 그 성욕 묘사 때문에 '배덕작가', '육욕 묘사 작가'라는 비난이었다. 이 비난은 보수파뿐만 아니라 문학연구회 멤버들에게서도 나왔다. 다만 같은 문학연구회에서도 저우쭤런은 이 작품을 지지했고, 마오둔은 비난했다. 그리고 위다푸를 옹호한 창조사는 퇴폐파, 신재자파 등으로 부르는 한편, 당시 청년들로부터는 청년 고민의 대변자로 압도적인 인기를 끌었다. 『침륜』의 주인공 '그'의 우울증은 청년들 사이에 일종의 유행이 되기까지 했다.

그렇다고는 해도, '그'의 성욕의 고민은 실로 즉물적임에도 불구하고, 궁극적으로는 약한 '조국'을 향해 간다. 『침륜』에 씌어져 있는 사실은 위다푸 자신의 체험이라고 생각하는데, 그 고민을 반드시 내셔널한 의식으로 비약시키는 점이 일본의 사소설 작가들과 결정적으로 다른 것이다.

위다푸의 소설은 『침륜』 이후에도 극히 자학적인 주인공이 항상 등장했다. 생활 능력이 없는 퇴폐적인 생활을 하면서 그 때문에 사회의 가장 밑바닥에서 굼실거리는 사람들에게 깊은 동정을 보내기는 하지만, 그들을 구할 힘이 없기에 더 한층 자학과 퇴폐에 빠져드는 주인공들. 그들은 각각의 작품이 쓰여진 시점의 위다푸의 환경을 반영하고 있기 때문에 위다푸는 더욱 더 사소설 작가에 가깝다고 간주되는 경우가 많다.

실생활과 소설

위다푸는 확실히 일본의 사소설에서 많은 것을 배웠다. 그러나 그는 다니자키 준이치로谷崎潤一郎의 초기 소설들과 사토 하루오佐藤春夫의 특히 『전원의 우울』에서도 더 많이 배웠다. 일본유학 중에는 어찌 되었든 귀국하여 작가생활을 시작한 위다푸는 오히려 성실하고 솔직한 생활자로, 흔해빠진 가정인이었던 듯하다. 우리는 '자전'적 작품으로부터 작자 그 사람을 유추하는 나쁜 일원론에 사로잡혀 있는 경우가 많은데, 위다푸는 독자의 그러한 일원론을 역이용해 작품의 허구화를 목표로 하고 있었다고 생각된다.

퇴폐파, 신재자파, 예술파 등으로 불리던 창조사는 1924년경부터 점차 좌경하여 1926년이 되자 곽말약이 『혁명과 문학』을 써서 분명하게 '혁명문학'으로의 전환을 시사했다. 그 뿐만 아니라 그는 혁명운동의 실천에 뛰어들어 북벌군에 참가했다. 위다푸도 일찍이 1923년에는 『문학상의 계급투쟁』이라는 논문을 써서 혁명에 대한 관심을 보였고, 궈모뤄가 혁명운동에 참가하기 위해 광둥으로 향했을 때는 거기에 동행했다. 그러나 베이징에 있던 장남의 병사로 광둥을 떠났고, 이어서 창조사 출판부의 문란함을 정리하다 회계 상의 부정을 발견하고 젊은 동인과 충돌한 직후인 1927년 1월 왕잉샤王映霞라는 젊은 여성을 만났다.

서른한 살의 위다푸는 스무 살 안팎의 왕잉샤에 푹 빠졌다. 처음에는 위다푸의 일방적인 사랑이었고, 그렇기 때문에 몹시 고뇌했지만 얼마 되지 않아 사랑을 이루고 동거생활에 들어갔다. 그는 이 사랑의 기록이라고 할 수 있는 일기를 출판하여 센세이셔널한 반향을 일으켰다. 왕잉샤와의 생활은 그때까지 내심 이반되어 있던 창조사와 결정적으로 결별함과 동시에 소설에 대한 회의도 낳았던 것이다. 이후의 위다푸는 소설보다도 일기, 여행기, '소품문' 등에 주력하게 되었다.

이제 명확해졌다. 위다푸는 그때까지의 너무나도 '자전'적인 소설을 그 자신의 허구로 삼고 있었던 것이다. 그러나 왕잉샤의 출현으로 그런 허구가 송두리째 무의미해졌다. 이후의 그가 과거 중국의 정통 문학자들과 마찬가지로 일기나 여행기 등의 사실의 기록에서 문학의 본질을 추구해 갔을 때, 방기되었던 소설을 대신한 이러한 기록들이 야말로 몹시 역설적이게도 일본의 사소설 방식과 일치했던 것이다.

불행한 위다푸의 만년

1938년 왕잉샤와의 생활에 파국이 닥쳤다. 이미 세 아이를 두고 있었지만 두 사람은 헤어졌고, 위다푸는 단신으로 싱가포르로 건너갔다. 1939년 왕잉샤와의 이별의 심경을 구시舊詩와 단문에 기탁해『훼가시기毁家詩紀』라는 제목으로 홍콩의 잡지에 발표했고, 왕잉샤도 그것에 반론을 써 위다푸를 비난했다. 위다푸는 이 이별 [직전]까지는 공적으로는 항일전을 위한 활동에 종사하였다. 곧 1937년에는 잡지『항전문예』를 주편하였고, 또한 사토 하루오가 위다푸와 궈모뤄를 모델로 하여 일본의 중국 침략을 정당화하고자 쓴 소설『아시아의 아들』(나중에『풍운』으로 개제改題)을 격하게 비난하고, 일본의 문사는 중국의 창녀만도 못하다고 논하기도 했다. 위다푸는『침륜』이래로 '조국'이라는 무거운 짐을 계속 짊어졌던 것이다.

소설에서는 '조국'에 짓눌려 퇴폐에 빠진 남자를 허구로 삼았었는데, 왕잉샤와의 사랑 뒤에는 그 허구는 무용지물이 되었고, 생생한 왕잉샤와 조국만이 뚜렷하게 그 진면목을 드러냈다. 하지만 왕잉샤와의 생활이 파탄나, 싱가포르로 또 수마트라로 피신했을 때 조국은 다시 허구가 되었다. 그리고 그는 그로 인해 일본 구 헌병대에 의해 피살되었다.

위다푸의 말년에 대해서는 불분명한 것이 너무나 많다. 그러나 최근 일본의 젊은 연구자들에 의해 점차 드러나기 시작했다. 나는 위다푸의 소설이 좀더 본격적으로 일본인들에게 소개될 필요가 있다고 생각한다. 그것은 우리 일본인의 손으로 어둠 속에 묻어 버린 위다푸에 대한 속죄의 마음만은 아니다. 그의 파란만장한 생애와 문학에야말로 일본의 사소설과 프롤레타리아 문학의 전통, 그리고 현대 중국의 소설의 전통, 이 양쪽에 겹쳐지는 '현실주의'의 본질을 어딘가 암시하는 것이 숨어 있는 것은 아닐까 직감하기 때문이다.

3. 순문학과 대중소설― '쓴다'고 하는 행위에 대하여

순문학은 고급인가?

미시마 유키오三島由紀夫는, 그의 『소설이란 무엇인가』에서 구니에다 시로國枝史郎[80]의 『신주교힐성神州纐纈[81]城』에 대해 다음과 같이 말했다.

> 일독하고 나는 당시 대중소설의 한 변종으로 여겨져 제대로 된 비평의 대상도 되지 못했던 이 작품의 문채의 풍부함과 부분적으로 환상미의 높이와 그 문장의 훌륭함과 지금 읽어도 조금도 낡지 않은 현대성에 놀랐다. 이것은 예술적으로도 다니자키 준이치로 씨의 중기의 전기소설이나 괴기소설을 능가하는 것으로, 현재 씌어져 있는 소설류와 비교해 보면, 그 높은 기품은 비교를 절絶한다. 문학에 관한 한, 우리는 1925년보다도 줄곧 저속한 시대에 살고 있는 것은 아닐까?

그런데 여기서 인용된 다니자키 준이치로는 스스로 '대중소설'이라고 이름 붙인 『난국 이야기亂菊物語』를 연재중이던 1930년 『대중문학의 유행에 관하여』라는 문장에서 다음과 같이 기술했다.

> 고백소설이나 심경소설을 고급이라고 한다면 그렇게 말하는 자는 결코 소설의 본류가 아니라고 나는 생각한다. 소설이라는 것은 역시 도쿠가와德川 시대와 같이 대중을 상대로 하여 결구結構가 있고 포국布

---

[80] 구니에다 시로國枝史郎(1887~1943년)는 일본의 소설가로 괴기하고 환상적이며 탐미적인 전기소설傳奇小說의 필자로 탐정소설과 희곡 등도 집필했다.

[81] '纐纈' 이 두 글자는 일본어 한자로 우리말 독음이 따로 없다. 의미는 일종의 염색법이다.

局이 있는 이야기여야 하는 게 당연하다고 생각한다. 그리고 실은 그 쪽이 대부분의 경우 이른바 고급물보다도 기교의 단련이 필요해 아무런 준비도 경험도 없는 사람이 쉽게[82] 쓸 수 없는 것이다.

『신주교힐성』이나 『난국 이야기』가 씌어졌던 다이쇼大正 말부터 쇼와昭和에 걸쳐 과연 대중소설이 오락 잡지의 폭발적인 판매와 함께 유행했다. 나카자토 가이잔中里介山[83], 나오키 산쥬고直木三十五[84], 시라이 교지白井喬二[85], 오사라기 지로大佛次郎[86], 요시카와 에이지吉川英治[87],

---

82 일어 원문은 '오이소레オイソレ'이다. 이것은 "이봐"라고 부르면, 즉시 '그것'이라고 응하는 뜻에서 간단하게 응하는 것. 즉석에서 일이 행해지는 것을 의미한다.
83 나카자토 가이잔中里介山(1885~1944년)는 일본의 대중소설가로 그 이름에 걸맞게 그의 많은 작품들이 영화나 드라마로 만들어졌다. 대표작은 『대보살고개』로 그 내용은 요검 '오토나시노 가마에'를 사용하는 무뢰배 검객 츠쿠에 료스케가 허무함에 사로잡힌 자신의 자아를 찾기 위한 방황과 처참함, 그리고 장렬한 싸움을 그린 것이다.
84 나오키 산쥬고直木三十五(1891~1934년)는 일본의 소설가이자, 각본가, 영화감독이다. 현재 엔터테인먼트계의 작품에 주어지는 나오키 산쥬고 상(통칭 '나오키상')은, 그로부터 유래한 것이다.
85 시라이 교지白井喬二(1889~1980년)은 일본의 시대소설 작가로 일본 대중문학의 거봉이다. 요코하마 출신으로 생전에 2백여 편이 넘는 작품들을 남겼고, 그 가운데 영화화된 작품들도 다수 있다.
86 오사라기 지로大佛次郎(1897~1973년)는 일본의 소설가이자 작가이다. 가나카와 현神奈川縣 출신으로 본명은 노지기 지요히코野尻淸彦이다. 『구라카 덴구鞍馬天狗』 시리즈 등 대중문학 작가로 유명한 이외에도 역사소설, 현대소설, 논픽션, 동화에 이르기까지 다방면에 걸쳐 작품 활동을 했다. 일본 예술원 회원으로 문화훈장을 수여받았다.
87 요시카와 에이지吉川英治(1892~1962년)는 가나가와 현神奈川縣 출생으로 가정이 어려워 소학교를 중퇴하고 직공·행상 등 여러 직업에 종사하면서 독학으로 문학수업을 하였다. 1921년 고단사講談社 발행의 여러 잡지에 『울퉁불퉁한 꽃병』 등이 입선되었고, 이듬해 『도쿄마이니치신문東京毎日新聞』의 기자가 되어 이 신문에 『신란키親鸞記』(1923)를 연재하면서부터 문단에 나섰다. 또 『오사카마이니치신문大阪毎日新聞』에 실린 『나루토 비첩鳴門秘帖』(1926~1927년)으로 대중문단의 유행작가가 되었다. 스토리의 매력과 구도정신求道精神으로 역사소설에 뛰어난 재질을 발휘하여, 많은 독자를 확보하였다. 1960년 문화훈장을 받았고, 사후 그의 유지遺志에 따라 요시카와 에이지상 및 요시카와 에이지 문학상이 제정되었다. 그 밖의 주요작품으로 『미야모토 무사시宮本武藏』(1935~1939년) 『삼국지三

구니에다 시로國枝史郎 등. 하지만 앞에서 인용한 두 문장에서도 볼 수 있듯이 이들 대중소설은 이른바 순문학 문단으로부터 무시당했다. 아니, 오늘도 부당한 무시는 계속되고 있으며, 겨우 요시카와 에이지, 오사라기 지로 등이 국민문학이라는 이름으로 평가받게 된 정도이다. 문단뿐만이 아니라 대중 소설은 이른바 국문학의 연구 대상이 될 수 없다. 그러나 대학에 있어서의 '문학'의 '연구' 등은 애당초 문학을 주시하는 것으로부터는 가장 먼 것이기 때문에, 그것도 이상한 것은 아니긴 하지만.

일회성에 베팅하는 대중 소설

일본 근대 소설, 특히 쇼와 시대의 주류는 이미 앞 절에서 언급한 사소설과 프롤레타리아 문학이었지만, 그건 그렇다 치더라도 이 주류에서 벗어난 문학 속에서 우리는 얼마나 많은 주옥을 잃어 왔을까! 문단의 상식이나 아카데미즘의 편견으로부터 벗어나지 않는 한 우리는 문학의 고귀한 정수를 만날 수 없는 것이다.

사소설의 '예藝'와 이데올로기로 분식된 프롤레타리아 문학의 '사상성'(만약 이것을 '사상성'이라고 부른다면!)이 일본 근대소설의 대표 간판이었다는 사실은 허구 이야기를 만드는 사람들을 장인artisan이나 혹은 스토리텔러의 위치로 깎아내렸다.

그리고 여기서 다시 탐정소설을 생각해 보도록 하자. 이미 여러 차례 말했듯이 탐정소설이야말로 허구의 원리를 빠짐없이 갖추고 있는 것, 아니, 갖추지 않으면 안 되는 것이다. 하지만 탐정소설의 결정

國志』(1939~1943년), 『시혼다이헤이키私本太平記』(1958~1959년) 등의 작품이 있다.

적인 약점은 원칙적으로 재독再讀을 감내하지 못한다는 데 있다. 허구 중의 유희의 규칙을 추적하다 마지막 장에 진범을 발견하면 그 소설은 이제 독자의 손에서 벗어난다. 세상에서 말하는 대중소설의 대부분도 그 오락성 때문에 탐정소설과 거의 같은 성격을 갖고 있어 이야기의 줄거리를 추적하고 나면 읽고 버려진다. 하지만 욕심 많은 독자와 대결하지 않으면 안 되는 이 아슬아슬한 일회성에 뛰어난 탐정소설이나 대중소설의 작가는 베팅을 하고 있는 것이다.

일회성이라는 엄격한 숙명의 자각에 의한 긴장감이 사실은 삶의 일회성 따위는 생각해 본 적도 없는 사소설 작가의 어리광부리는 '예'의식이나, 애매한 미래에 현재의 구제救濟를 맡기는 프롤레타리아 문학 작가의 '사상성'을 훨씬 능가할 수도 있었던 것이다. 뛰어난 대중소설이 이른바 '순문학'과 비교해[서도] '그 높은 기품은 비교를 절絶한다'는 것은 어설픈 '예'나 '사상성'[같은 것]을 처음부터 방기하고, 스스로 장인임을 자인하면서 사실은 이 일회성에 베팅한 극도의 긴장만을 계속 유지했기 때문이 아닐까? 나는 그 전형적인 예를 조금 새로운 곳에서 히사오 쥬란久生+蘭의 여러 소설들에서 본다.

히사오 쥬란의 소설에 대해서는 나는 쓰고 싶은 것이 많다. 그러나 지금은 그 자리가 아니기 때문에 녹자 여러분이 스스로 히사오 쥬란의 조탁雕琢을 거듭하는 그의 문장, 의상意想을 응축해 고고하게 일관한 그의 이야기, 대중성과 고귀함을 훌륭하게 겸비한 그의 기품을 접해주었으면 한다.

대중과 상관없는 '문예의 대중화'

중국에는 우리가 말하는 순문학이란 말이 존재하지 않았다. 애당초 '순문학'이라는 말에 내재한 문학의 자기목적적인 고답성은 어떤 형태로든 중국의 신문학에는 존재하지 않았던 것이다. 그러나 일본에 있어서의 이른바 순문학과 대중소설의 관계를 상대적으로 중국으로 옮겨간다면, 순문학은 루쉰, 문학연구회, 창조사 등을 중심으로 하는 흐름에, 대중소설은 '원앙호접파'의 흐름에 상당할 것이다. 단 이것은 어디까지나 상대적 관계에 지나지 않고, '원앙호접파' 소설의 독자는 앞서 들었던 『제소인연』 등을 소수의 예외로 한다면, 보수적 지식인에 국한되었던 것이다.

그런 까닭에 1930년 이후 '문예의 대중화'(이 경우의 '문예'란 이미 언급한 바와 같이 넓은 의미라는 데 주의할 것)가 제창되었을 때, 다음에 드는 루쉰의 『문예의 대중화』에서 볼 수 있는 것과 같은 주장이 중요한 지표가 되었다.

> 그런데 독자들도 상당한 정도를 갖추고 있긴 해야 한다. 우선 글자를 알아야 하고, 일반적인 보통의 지식, 그리고 사상과 정감도 일정한 수준에 도달해 있어야 한다. 그렇지 않으면, 문예와 어떤 관계를 만들 수가 없다.……목하의 교육이 불평등한 사회에서는 난이도가 다른 각종의 문예가 존재하여 각기 다른 수준의 독자들 요구에 부응하고 있다. 그러나 대중을 위해 많은 고심을 해야 마땅한 작가는 모두 다 이해할 수 있고 읽고 싶게 만드는, 이해하기 쉽고 평이한 작품을 써서 진부하고 무료한 작품들을 제거해 버리는 데 온 힘을 기울여야 한다.[88]

문맹률이 압도적으로 높았던 당시의 중국에서 극소수의 지식인이 아무리 '문예의 대중화'를 논하더라도 대중과 상관 없었던 것은 사실이다. 따라서 루쉰의 지적은 '문예의 대중화'의 가장 기본적인 문제를 파고들었던 것이다.

---

[88] 루쉰, 「문예의 대중화」, 『집외집습유』(『루쉰전집』 9권)

그런데 과연 "진부하고 무료한 작품들"은 과연 제거해 버려야 하는 것일까? 확실히 '원앙호접파'의 소설들은 일독을 하면 알 수 있듯이 "진부하고 무료한 것"임에 틀림없다. 하지만, 『제소인연』이 일대 베스트셀러가 된 것은 아이러니하게도 대중이 만약 그것을 원한다면 "진부하고 하찮은 것"이라고 해도 그것을 "제거"하는 것은 '문예의 대중화'라는 주장의 자기모순이라고도 할 수 있는 위험을 내포하게 될 것이다. 그럼에도 불구하고 루쉰이 굳이 이것을 지적한 것은 당시의 국민당 정부 하에서는 "진부하고 무료한 것"이 그 비정치성, 비사상성 때문에 비호를 받고 대중의 눈을 생생한 정치에서 벗어나게 하는 데 효과적이었기 때문이며, 그런 점에서 '원앙호접파'의 문학은 확실히 혁명문학이 아니라고 할 수 있다.

항일전쟁 하의 문예

1930년대 중엽이 되면 일본의 중국 침략이 본격화해 이에 대한 저항도 점차 고조되었다. 항일의 기운을 문예에 반영하기 위한 슬로건이 빈번하게 제출되기 시작한 것은 1935년이다. 그중에서도 '국방문학' 논쟁은 30여 년 뒤의 문화대혁명에서 서우양周揚 비판에서 그 영향이 이어지는 문제를 내포하고 있었는데, 1936년 10월의 루쉰의 죽음은 문예계에서의 항일통일전선 실현을 가져오는 하나의 전기가 되었다. 곧 1937년 7월의 루거우챠오蘆溝橋 사변으로 시작되는 중일전쟁에 의해 공산당의 요청으로 국민당과 공산당이 내전을 중단하고 항일민족통일전선을 결성하고(제2차 국공합작), 뒤이어 1938년 3월에는 중화전국문예계항적협회(문협)가 성립되었다. 여기에는 이른바 원앙호접파 작가들도 참가했다. 모든 문예는 대체로 항일을 위한 '도구'임이 이 시기에 비로소 분명하게 확인되었다.

그 무렵부터 수많은 잡지, 이를테면 『항전문예』, 『문예진지』, 『문예전선』 등이 차례차례 창간되었고, 여러 극단이 결성되어 다양한 '통속문예'(만화나 가두극이나 모내기 노래 식의 '앙가秧歌' 같은 것까지 포함)가 활발하게 항전 선전을 위해 이용되었다. '문예 무용론'이나 '전선주의前線主義'를 내세워 펜을 버리고 총을 잡은 작가도 많았는데, '문장하향, 문장입오文章下鄉, 文章入伍(문장을 농촌으로, 문장을 군대로)'라는 슬로건이 항일전쟁 하의 현실생활 속으로 침투한 것이었다.

항일전쟁 기간 동안 중국에서는 기성 작가들의 창작 활동도 쇠퇴하지 않았다. 이를테면 마오둔은 1937년 상하이 함락과 함께 맨몸으로 상하이를 탈출해 히우 1945년 종전까지 홍콩, 우한, 신쟝 성 우루무치, 옌안, 충칭, 홍콩, 구이린, 충칭으로 옮겨 다니며 각지에서 정력적으로 소설, 논문 및 르포르타주를 계속 써내려 갔다. 그 가운데 『부식腐蝕』은 가장 중요한 소설이다. 전후 다케우치 요시미竹內好는 『중국문학과 휴머니즘』에서 다음과 같이 기술했다.

> 나는 전쟁이 중국문학을 황폐화시킬 것이라고 생각했다. 실제로 중국이 당한 전화는 일본의 몇 배나 심했기 때문이다. 그런데 전쟁을 거친 중국문학은 의외로 신선하고 생기가 있었고, 기가 막힐 정도로 예술적이 되었다. 전쟁이 때때로 인간의 영혼을 심화시킨다는 것을 나는 처음 알았다.

하지만 같은 시기 일본의 '순문학'이 '기가 막힐 정도로' 척박한 것은 우리가 잘 아는 바이다(다만 일본의 이른바 '대중문학'은 그 같은 시기에 '기가 막힐 정도로' 척박하지는 않았다는 사실은 기억되어야 할 것이다). 그리고 한 걸음 더 나아가 생각해보면, 문학을 척박하게 한 것은 물질적인 '전화戰禍'가 아니라 편파적인 강압적 이데올로기라는 것을 오늘날 우리는 잘 알고 있다.

항일전쟁기의 문예는 확실히 대중의 것이 되었다. 그리고 1942년 『문예강화』 이후에는 문예가 인민, 즉 노농병에게 봉사해야 한다는 노선이 확립되었다. 모래알처럼 뿔뿔이 흩어져 있던 대중은 훌륭하게 조직된 인민으로 바뀌었다. 그때 인민의 문학은 일본의 이른바 '순문학', 특히 사소설과 프롤레타리아 문학에서의 구도성과 기록성을 이념적으로 가져옴으로써 실생활과 작품세계의 일원화를 지향하는 한편, 형태적으로는 대중소설 일반의 통속성을 획득했다. 하지만 일본 대중소설의 일부가 그 대중성과는 별도로 남몰래 보듬었던 고귀한 고고함은 해방 후 중국 소설과 끝내 무관했음은 말할 필요도 없다.

문은 종이와 펜에서 나온다

그리고 여기서 소설의 본질, 혹은 '쓰기'라고 하는 행위의 본질로 되돌아가야 한다. 어떻게 인민의 생활을 그리고, 어떻게 '**주의'의 사상을 방패로 삼든, 문학에 있어서 '쓴다'고 하는 행위, 곧 표현은 종이를 향해 펜을 드는 소박한 행위로 시작해 끝이 난다. 어떻게 노농병의 생활에 뛰어들고, 땅지를 쥐고, 괭이질을 하고, 총을 든다고 해도 '피와 땀으로 쓴다'는 것은 표현자에게는 절대로 있을 수 없고, 최종적으로는 종이와 펜으로 귀결된다.[89]

그리고 참으로 성가신 것은 종이와 펜이라는 이 무뚝뚝한 물질은

---

89 루쉰도 이와 비슷한 내용의 글을 쓴 적이 있다.
"니체는 피로 쓴 책을 좋아한다고 했다. 하지만 나는 피로 쓴 문장이라는 것은 아마 없지 않을까 생각한다. 글은 어차피 먹으로 쓴다. 피로 쓴 것은 핏자국일 뿐이다. 핏자국은 물론 글보다 사람의 마음을 움직일 것이고 더 직접하고 분명할 것이지만, 쉽게 변색되고 지워지기 쉽다. 문학의 힘이 필요한 것은 이 때문이다." 1927년 10월 10일(「어떻게 쓸 것인가」 『삼한집』)

그것을 손에 쥐자마자 표현자를 주박呪縛한다. 글을 쓴다는 것, 써야만 한다는 것, 쓰지 않을 수 없는 것 등의 실체는 여기서 말의 지배를 받고, 말의 자기장에 휩말려 들어가게 된다.

생각건대 근대소설의 성립 여부는 그런 말의 주박과 자기장의 고통을 업으로까지 제고시키고, 말을 탈취해 이쪽의 표현의 우리에 가두거나, 또는 관리된 예정豫定의 말을 늘어놓는 것에 의해 말의 '최종 완결성'을 스스로 방기하거나, 그 중 어느 것인가에 달려 있을 것이다.

재삼 말하거니와 언어는 사상의 수단이 아니다. 언어의 자기 목적적인 본질을 아는 사람은 문학이란 종이와 펜에서 나온다는 이 소박하고 전율적인 원리를 믿게 된다. 근대소설은 이 원리 이외에서는 나오지 않고, 또 문화가 자연스럽게 요청하는 자유도 이 원리 이외에서는 절대로 탄생하지 않는 것이다.

후기

유럽의 근대소설에 친숙한 사람이라면 대부분 중국 소설에 심한 이질감을 느낄 것이다. 나도 그 중 한 사람이었다. 하지만 중국문학을 전공하고 있는 사람으로서, 유럽의 문학을 보는 눈으로 중국 문학을 보면 안 된다고 자신에게 그런 이질감을 억지로 금했던 시기가 있었다. 그리고 이제는 다시 그것을 해금했다. 곧 나는 어떻게 뒤집더라도 자오수리趙樹理의 『샤오얼헤이의 결혼小二黑的結婚』과 진징마이金敬邁의 『어우양하이의 노래歐陽海的歌』 등에는 감응할 수 없고, 빌리에 드 릴라당[90]이나 프로스페르 메리메[91] 등에게 전율적인 열락을 느끼는

---

[90] 오귀스트 드 빌리에 드 릴라당Auguste de Villiers de L'Isle-Adam(1838~1889년)은 프랑스의 시인·소설가·극작가이다. 프랑스 유수의 명문 귀족의 후예라 한다. 세속적인 생활이 싫어 평생을 빈곤에 허덕였다. 그는 제2제정기 부르주아 사회의 물질주의와 공리주의를 격렬하게 고발하고[단편집 『잔혹한 이야기』(1883년)], 정신의 지고성을 믿으며 우열愚劣한 현실을 도피하여 신비로운 세계의 꿈 속에서 살았다[희곡 『아크셀』(1890년)]. 그 밖에 『시집』(1859년)과 『이지스』(1863년), 『미래의 이브』(1886년), 『트리빌라 보노메』(1887년) 등의 작품이 있다.

[91] 프로스페르 메리메Prosper Mérimée(1803~1870년)는 프랑스의 19세기 소설가, 역사가이다. 화가의 아들로 파리에서 출생했다. 부친의 권유로 법률을 배워 변호사가 되었으나, 언어학·고전문학·고고학을 연구하면서 예술가와 문학자를 사귀어 스탕달과 친교를 맺고 그의 좋은 비평가가 된다. 1825년에 에스파냐의 희극 여배우 작품을 프랑스어로 번역하여 발표한 『클라라 가질 희곡집』을 시작으로 문필생활이 시작된다. 1829년에는 역사소설 『샤를 9세 연대기』를 썼으나

인간이기에 그런 눈을 돌릴 수는 없는 것이다. 문학을 보는 관점이 그 대상이 되는 문학의 국적에 따라 달라져도 된다는 것은 말이 안 된다고 자신있게 생각하게 되었다.

이 생각은 실은 꽤 오래전부터 싹트고 있었다. 나는 십여 년 전에 약간 집중적으로 청말 소설을 읽었는데, 어느 것이든 기가 막힐 정도로 재미가 없는데 질려버렸다. 하지만 그 질림은 왜 이렇게 재미없는지를 생각함으로써 그럭저럭 견딜 수 있었다. 왜 이렇게 재미없는가 ─이것을 이론적으로 추구하는 것은 사실 꽤나 재미있는 일이었다. 이 책의 출발점은 아마 그 언저리에 있을 것이다. 생각해보면 나는 중국 소설에 대해서는 정말 냉혹한 독자였다.

그런 냉혹함은 열애와는 또 다른 편견을 낳을 것이다. 하지만 나는 이 책 곳곳에 나타난 편견을 그에 대해 예상되는 비난을 두려워하지 않고 제출하려고 한다. 내가 의도하는 바는 사실의 사적 정리나 혹은 사실의 해설과 해석 등이 아니기 때문이다.

이 책은 물론 이번에 새로 쓴 것이긴 하지만, 이 책의 기초가 된 생각은 이미 여러 가지 기회에 발표한 바 있기 때문에, 이 책의 장별로 그 주된 것을 다음에 열거하겠다.

「북방론北方論」(졸저 『북방론北方論』, 1972년 신시대사新時代社 간행에 수록)

그의 진가眞價는 단편집 『모자이크』(1833년)에 수록된 「마테오 팔코네」, 「에트루리아의 항아리」 등의 단편과 코르시카나 에스파냐를 무대로 하는 강렬한 정력과 신비적인 정열을 묘사한 『콜롱바』(1840년), 『카르멘』 등의 중편에서 발휘되었다. 그 밖에 『연옥의 혼』(1834년), 『일의 비너스』(1837년), 『아르세느 기요』(1844년), 『아베 오방』(1846년) 등이 있는데, 모두 냉정하고 간결하다. 한편 1843년 역사 기념물 감독관이 되고 1844년에 아카데미 프랑세즈 회원, 1852년에는 전부터 절친했던 나폴레옹 3세비妃의 추천으로 상원의원이 되었다. 그 후로는 주로 푸슈킨, 고골리, 투르게네프의 번역과 소개에 힘썼다.

「얼해화孽海花 노트」(『북대외국어 · 외국문학연구北大外國語 · 外國文學硏究』 제5호, 1957년)

「자야론—중국 근대소설의 한계」(『북대인문과학논문집北大人文科學論文集』 제10호, 1973년)

「풍자로부터 유머로—중국인의 경우」(『전망展望』, 1974년 2월호)

「라오서老舍—유머로부터 진지함의 길로」(『근대 중국의 사상과 문학』, 1967년, 대안大安 간행에 수록)

「마술에 있어서의 중국—불타와 유토피아」(졸저, 『미궁으로서의 인간』, 1972년, 조출판사潮出版社 간행에 수록)

「악마가 없는 문학—중국 근대 리얼리즘 비판」(『변경邊境』 제10호, 1973년)

「허구와 유희—중국인의 성격에 대하여」(『미궁으로서의 인간』에 수록)

또한 이 책은 원래 『중국 근대소설의 방법』이라는 제목으로 간행될 수 있도록 계획된 것이었다. 이 제목은 말할 것도 없이 고 이토 세이의 『소설의 방법』를 효빈效顰[92]한 것이기에, 중국의 근대 소설에 대해서 좀 더 고도의 이론적 전망을 부여하고자 의도한 것이다. 하지만 써 내려가면서 나는 그러한 이론적 전망보다는 중국 근대소설을 하나의 재료로 삼아 중국인의 사고양식이나 인식 방법을 찾는 것에 좀 더 힘을 쏟기 시작한 듯하다. 그래서 서점의 요청을 받아들여, 비슷한 서명으로 바꾼 것이다. 따라서 본래 의도했던 것은 중국 근대 독자론을 포함한 형태로 미래의 새로운 과제가 되었다.

---

92 효빈效顰은 원래 남의 결점을 장점인 줄 알고 본떠서 더욱 나빠지다. 맥락도 모르고 덩달아 흉내낸다는 의미로, 여기서는 후자의 의미를 함의하고 있다. 이 말은 원래 미녀 시스西施가 병이 있어서 눈썹을 찡그리며 아픔을 참으니, 같은 마을의 추녀가 보고 아름답다고 여기어 그의 찌푸림을 흉내냈다는 이야기에서 유래한 것이다.

이 책이 이루어진 데 있어서는 뛰어난 선도자들의 업적에 힘입은 바가 많다. 그 가운데 고 이토 세이 씨의 『소설의 방법』 외에 고 미시마 유키오 씨의 『소설이란 무엇인가』에 힘입은 바는 헤아릴 수 없다. 또한 중문학자로서는 매우 이단적이고 제멋대로인 나를 다년간에 걸쳐 지켜보며 지도해주신 홋카이도대학의 이토 소헤이伊藤漱平[93] 교수에게 여기서 재차 깊은 감사의 말씀을 드리는 바이다. 또 이 책은 고단샤講談社의 와시오 겐야鷲尾賢也[94] 씨의 재작년 이래의 열성적인 독려에 의해서 이루어진 것이라고도 할 수 있다. 원고를 마치는 데 있어서 와시오 씨에게 깊은 감사의 뜻을 전한다.

1974년 5월

나카노 미요코中野美代子

---

[93] 이토 소헤이伊藤漱平(1925~2009년)는 일본의 중국문학자이자 도쿄대학 명예교수, 니쇼가쿠샤대학二松學舍人學 명예교수였다. 아이치 현愛知県 헤키가이 군碧海郡 출생으로 제일고등학교第一高等學校를 거쳐 도쿄제국대학東京帝國大學 중국철문학과支那哲文學科를 졸업하고 대학원에 진학해 1949년 같은 대학 박사과정을 퇴학했다. 같은 해에 홋카이도대학北海道大學 조수助手로 부임했다. 1955년 시마네대학島根大學 강사로 취임했고, 1960년부터 오사카시립대학 조교수가 되었고, 1970년부터 홋카이도대학 중국문학과 교수가 되었으며, 1977년부터는 도쿄대학 중국문학과 교수가 되었다가 1986년에 도쿄대학을 정년 퇴임하고 명예교수가 되었다. 그 뒤 니쇼가쿠샤대학 교수로 계속 교편을 잡았다. 또 1989년부터 1993년에 걸쳐 제6대 니쇼가쿠샤대학 학장을 맡아보면서 국제정치경제학부의 설치에 진력했다. 학계에서는 1987년부터 1988년까지 일본중국학회의 이사장을 맡아보았다.

[94] 와시오 겐야鷲尾賢也(1944~2014년)는 도쿄 출생으로 게이오기쥬쿠대학慶應義塾大學 경제학부를 졸업하고 1969년 고단샤講談社에 입사했다. 『주간현대週刊現代』를 시작으로, 『현대신서』 편집장, PR잡지 『책본』 편집장 등을 거쳐, 새로 써내려간 시리즈 『선서 메치에選書メチエ[프랑스어 메티에métier로 직업이나 조각·그림·문학 따위의 기교를 의미함]』를 창간했고, 『현대사상의 모험자들』(전 31권), 『일본의 역사』(전 26권) 등 기념비적인 기획을 세상에 내놓았다. 또 고다카 켄小高賢이라는 이름으로 가인으로서도 활약하여 가집 『혼쇼 료코쿠本所両國』로 제5회 와카야마 보쿠스이若山牧水 상을 수상했다.

찾아보기

[인명]

ㄱ

가스통 바슐라르 40
가와바타 야스나리川端康成 139
가이즈카 시게키貝塚茂樹 43
고다 로한幸田露伴 46
고야마 로쿠노스케小山六之介 53
관슈구關秀姑 68
괴테 84
구니에다 시로國枝史郎 176, 178
구스타프 르네 호케Gustav Rene Hocke 22
구이천闺臣 30
궈모뤄郭沫若 169

ㄴ

나르키소스 91
나오키 산쥬고直木三十五 177
나카네 치에中根千枝 57
나카자토 가이잔中里介山 177
남가태수南柯太守 117
뉴다수이牛大水 70
니콜라 푸생 33
니환즈倪煥之 48

ㄷ

다네무라 스에히로種村季弘 93
다니자키 준이치로谷崎潤一郎 49, 72, 173, 176
다춘大春 71
다케다 다이쥰武田泰淳 88
다케우치 요시미竹內好 20, 182
데 제쎙트 171
도모노죠友之丞 72
도스토예프스키 84
도야마 시게히코外山滋比古 149
도카이 산시東海散士 98
뒤쥬궁多九公 31, 100
딩링丁玲 48, 74, 155
딩이丁毅 71

ㄹ

라 조콘다La Gioconda 33
라사리요 38
라세네르 123
라오서老舍 48, 107
란링藍翎 140
량치차오梁啓超 98, 150
레오나르도 다 빈치 33
렐 스타인 36
로제 카유아 83

루쉰 19, 45, 153, 180
루스 베네딕트 15
뤄광빈羅廣斌 155
류사오치劉少奇 75, 134
류어劉鶚 47, 151
류칭柳青 74, 155
리궁쭤李公佐 64, 117
리루전李汝珍 56
리바오자李寶嘉 47, 151
리시판李希凡 140
린다이위林黛玉 140
린뱌오林彪 134
린수林紓 127, 148
린위탕林語堂 111
린즈양林之洋 30, 87, 100

ㅁ

마르셀 그라네 129
마슈 호자트 106
마스다 와타루增田涉 24
마에다 아이前田愛 150
마오둔茅盾 48, 54, 61, 68, 169, 172
마오쩌둥 57, 70, 137
마츠에다 시게오松枝武夫 56
모리스 르블랑 127
모토오리 노리나가本居宣長 166
무라노 시로村野四郎 33
미시마 유키오三島由紀夫 17, 176
미야모리 츠네코宮森常子 107, 113

ㅂ

바이싱젠白行簡 64, 67

바이위탕白玉堂 88
바이쥐이白居易 64
바진巴金 48
버드솔Richard Burdsall 132
베레츠키 132
뽈 뻴리오 36

ㅅ

사가라 모리오相良守峯 66
사드 후작 80, 119
사토 하루오佐藤春夫 173, 175
산유테이엔쵸三遊亭円朝 85
샤오샤오성笑笑生 23, 80
샤오얼헤이 70
샤오친小芹 70
서웨麝月 92
선옌빙沈雁冰 136
선지지沈既濟 64
선펑시沈鳳喜 68
셜록 홈즈 127
쉐바오차이薛寶釵 140
쉬광야오徐光耀 74
쉬안짱玄奘 27
쉬징許竟 133
스가와라노 미치자네菅原道眞 163
스벤 헤딘 28
스싼메이十三妹 85
스에히로 뎃쵸末廣鐵腸 98, 150
스위프트 106
스잔춘史占春 132
스티븐슨 84
시라이 교지白井喬二 177

시먼칭西門慶 78
시바 시로柴四朗 98
시얼喜兒 71
시오노야 온鹽谷溫 5
싸이진화賽金花 53
쑨원孫文 53
쑹천松岑 150

ㅇ
아르센 뤼팽 127
아이우艾蕪 48, 74
아이우라 다카시相浦杲 21
아쿠다가와 류노스케芥川龍之介 49
안룽메이安龍媒 96
안지安驥 85
알렉상드르 듀마 피스 148
알베르 티보데 16
앙드레 브르통 111
야노 류케이矢野龍溪 98
양모楊沫 155
양샤오메이楊小梅 70, 88
양이옌楊益言 155
어우양산歐陽山 155
에렉 65
에밀 졸라 136
에우헤니오 도르스 22
엘러리=퀸 157
예사오쥔葉紹鈞 48
옌푸嚴復 151
오가와 다마키小川環樹 24
오노 시노부小野忍 20
오비디우스 81

오사라기 지로大佛次郎 177
올더스 헉슬리 52
왕궈웨이王國維 95
왕잉샤 174
요시카와 고지로吉川幸次郎 145
요시카와 에이지吉川英治 177
요한 호이징하 126
우다武大 78
우워야오吳沃堯 47, 128, 146, 150
우징쯔吳敬梓 45, 102, 151
우치다 미치오內田道夫 25
윈칭雯靑 146
윈캉文康 85, 151
웨이슈런魏秀仁 89, 151
웨이츠주韋癡珠 89
위다푸郁達夫 48, 169
위안전元稹 64, 67
위안징袁靜 70, 74, 88
위펑보俞平伯 140
이니드Enid 65
이시카와 쥰石川淳 62, 121
이즈미교카泉鏡花 138
이케다 아키라池田皓 42
이토 세이伊藤整 16, 46, 58

ㅈ
자오수리趙樹理 70, 74
자오푸자이趙樸齋 52, 149
자크 카조트Jacques Cazotte 82
장진펑張金鳳 85
장첸張騫 27
장커쓰張可思 116, 118

장헌수이張恨水 68
잭 윌튼 39
쟈넷 미르스키Jeannette·Mirsky 28
쟈바오위賈寶玉 91, 140
쟝광츠蔣光慈 48
저우루창周汝昌 140
저우리보周立波 74
저우양周揚 181
저우언라이 57
저우얼푸周而復 155
저우전푸周振甫 61
저우쭤런周作人 99, 169, 172
전바오위甄寶玉 91
정허鄭和 27
제임스 힐튼 118
조르주 바타유 123
조리스카를 위스망스 170
지그프리트 64
진성탄金聖嘆 61
진원칭金雯靑 53
진징마이金敬邁 74, 156
쩡푸曾樸 53, 151

ㅊ

차오잔曹霑 91
천두슈陳獨秀 153
천쉐자오陳學昭 100
체리-가라드Apsley Cherry-Garrard 28
추이잉잉崔鶯鶯 67
추칭楚卿 150
춘위펀淳于芬 117, 118
취보曲波 74, 155

취유瞿佑 82
츄추지丘處機 27

ㅋ

케네스 클라크 125
코난 도일 127
쿵줴孔厥 70, 74, 88
크림힐트 64

ㅌ

타오위안밍陶淵明 117, 118
탕아오唐傲 30
토마스 내쉬 39
토마스 모어 119
토머스 헉슬리 151
톰마소 캄파넬라 119
티보데 44

ㅍ

파셴法顯 27
판옌챠오范烟橋 128
판쟈수樊家樹 68
판진范進 103, 138
판진롄潘金蓮 78
펑더화이彭德懷 133
페르디난드 폰 리히트호펜Ferdinand von Richthofen 131
포와로=날스잭 158
푸쑹링 82
푸차이윈傅彩雲 53
『풍자의 예술』 106
프란츠 카프카 82

ㅎ

한방칭韓邦慶　149, 151
한허성韓荷生　89
허리나何麗娜　68
허위펑何玉鳳　85
허징즈賀敬之　71
형양공滎陽公　67
호이징하　129
후스胡適　46, 58, 140
훙쥔洪鈞　53
히라타 아츠타네平田篤胤　163
히사오 쥬란久生十蘭　42, 179

[서명]

ㄱ

『가家』　48
『가오위바오高玉寶』　48, 156
『걸리버 여행기』　30
『겁여회劫余灰』　146
『겐지 노노가타리源氏物語』　163
『겐지모노가타리』　165
『결본 전쟁과 평화』　61
『결본홍루몽潔本紅樓夢』　61
『경본통속소설』　144
『경화연』　30, 100
『고대 중국의 제례와 가요』　129
『고야히지리高野聖』　138
『공산당원의 수양을
　　논함論共産黨員的修養』　75
『관장현형기官場現形記』　47, 54, 151

『광명일보光明日報』　75
『광인일기』　60, 153, 172
『구명기원九命奇寃』　150
『국화와 칼』　15
「극한하의 인간 드라마」　42
『근대 독자론』　150
『근대 독자의 성립』　150
『금병매』　18, 50, 77, 80, 98

ㄴ

『난국 이야기亂菊物語』　176
『남가태수전南柯太守傳』　64, 117
『남행기南行記』　48
『노잔유기老殘遊記』　47, 54, 151
『논어』　111
『니벨룽겐의 노래』　64

ㄷ

「단편소설을 논함論短篇小說」　58
『대당삼장취경시화大唐三藏取經詩話』
　　37
『내낭서역기大唐西域記』　27
『대목건련명간구모변문大目乾連冥間
　　救母変文』　36
『대중문학의 유행에 관하여』　176
「도쿠죠마루의 비극督乘丸の悲劇」　42
『도플갱어의 방황』　93
『도화원기桃花源記』　117, 118

ㄹ

『뤄튀샹쯔駱駝祥子』　48, 112, 113

ㅁ

『마부자馬父子』 110

「마술에 있어서의 중국」 100

『멸망滅亡』 48

「모나리자」 33

『목련변문』 37

『묘성기猫城記』 113, 156

『무엇이 사실주의인가』 136

「문예강화」 70, 137

『문예의 대중화』 180

『문예적인, 너무나 문예적인』 49

『문예전선』 182

『문예진지』 182

『문학 입문』 46

「문학개량추의文學改良芻議」 153

『문학상의 계급투쟁』 174

「문학상의 소설의 위치를 논함」 150

「문학에서의 마니에리즘」 23

『문학입문』 58

「문학혁명론」 153

『미궁으로서의 세계』 23

『미궁으로서의 인간』 100

『민국 구파 소설사략民國舊派小說史略』 128

ㅂ

『바로크 론』 22

『방황하는 호수』 28

『백련성강百煉成鋼』 74

『백모녀白毛女』 70, 158

「베이징사범대학 혁명 대비판조의 라오서 『묘성기』 비판」 107

『변신』 82

『변신 이야기』 81

『보홍루몽補紅楼夢』 96

『부식腐蝕』 48

『불국기佛國記』 27

『불설우란분경佛說盂蘭盆經』 37

『불운한 나그네』 39

ㅅ

「사람의 문학」 100

『사명쇄기四溟瑣記』 149

『사세동당』 113

「사정소설寫情小說의 신사회에 있어서의 관계」 150

『사페이 여사의 일기莎菲女士的日記』 48

『삼국지통속연의』 17, 51

『삼협오의』 88

『상하이 문예의 일별』 69

『상하이의 아침上海的早晨』 155

『샤오얼헤이의 결혼小二黑結婚』 70

『서사시의 세계』 66

『서유기』 17, 37, 50, 51

『세계 최악의 여행The Worst Journey In The World: Antarctic 1910~1913』 28

『소년 표박자少年飄泊者』 48

『소림笑林』 101

『소부笑府』 101

『소설과 군치(대중 통치)의 관계에 관하여關于小說與群治之關係』 98, 150

『소설의 미학』 16, 44

『소설의 방법』 16
『소설이란 무엇인가』 17, 176
『소찬笑讚』 101
『속홍루몽續紅樓夢』 96
『수신기』 116
『수호전』 17, 50, 51, 77
『스싼메이十三妹』 88
『식蝕』 48
『신보申報』 148
『신소설』 150
『신아녀영웅전新兒女英雄傳』 70, 74, 88
『신주교힐성神州纈纈城』 176
『신중국 미래기』 150
『신청년』 153
『신화와 인간』 83

ㅇ

『아녀영웅전』 85, 96, 151
『아시아 리뷰』 107
『아시아의 아들』 175
『악마의 사랑Le Diable Amoureux』 82
『알린과 발쿠르』 119
『앵앵전鶯鶯傳』 67
『야독우기—사회주의 현실주의 및 기타夜讀偶記—社會主義現實主義及其他』 142
『어우양하이의 노래歐陽海之歌』 74, 156
『얼해화孼海花』 53, 54, 146, 151
『에렉Erec』 65
『연애대위법Point Counter Point』 52

『영환쇄기瀛寰瑣記』 148
『예기치 않은 섬The Unexpected Island』 108
『예환지倪煥之』 48
『옌안 방문기延安訪問記』 100
『오디세이아』 36
『오쿠니와 고헤이お國と五平』 72, 77
『요설록饒舌錄』 50
『요재지이聊齋志異』 82
『우비산도宇比山路』 166
『월월소설月月小說』 151
『유림외사儒林外史』 45, 46, 51, 102, 141, 151
『유토피아』 119
『이가장의 변천李家莊的变遷』 74
『이십년목도지괴현상二十年目睹之怪現狀』 47, 54, 150
『23년 미래기』 150
『이와전李娃傳』 67
『인민일보』 57
『일리아스』 36
『일본 육군 용어』 162
『잃어버린 지평선』 118
『임해설원林海雪原』 74, 155

ㅈ

『자기의 원지自己的園地』 100
『자야子夜』 54, 68
『장 씨의 철학老張的哲學』 110
『장춘진인長春眞人(츄추지丘處機) 서유기西遊記』 27
『전도顚倒』 171

찾아보기 195

『전등신화剪燈新話』 82
『전원의 우울』 173
『절본 카라마조프 가의 형제들』 61
『제소인연啼笑因緣』 68, 110, 180
『조나단 스위프트』 111
『조자왈趙子曰』 110
『종곡기種穀記』 74
『죄와 벌』 84
『중국문학과 휴머니즘』 182
『중국문학사연구中國文學史硏究』 24
『중국소설사략』 45
『중국소설사의 연구中國小說史の硏究』 24
『중국소설에 있어서의 논증의 흥미』 146
『중국소설의 세계中國小說の世界』 25
『중국의 8대 소설中國の八大小說』 24
『중국의 신화中國の神話』 43
『중국의 위대한 여행가들The Great Chinese Travellers』 28
『중국의 현대문학中國の現代文學』 20
『쥬카치효류기분重吉漂流紀聞』 42
『지취위호산智取威虎山』 158
『지킬 박사와 하이드 씨』 84
『진화와 윤리』 151

ㅊ

『찰세속매월통기전察世俗每月統紀傳』 148
『창업사創業史』 155
『천연론』 151
『청년잡지』 153

『청춘의 노래靑春之歌』 155
「추이닝을 잘못 참하다錯斬崔寧」 144
『춘희椿姬』 149
『침륜沈淪』 48, 172
『침중기枕中記』 64

ㅋ

「카니발리즘 론」 100
「쿵이지孔乙己」 60

ㅌ

『태양은 쌍간허에 비춘다太陽照在桑乾河』 74
『태양의 도시』 119
『토요일禮拜六』 152
『통사痛史』 150

ㅍ

『파리다화녀유사巴黎茶花女遺事』 148
『파우스트』 84
『평원열화平原烈火』 74
「포키온의 유골을 모으는 그의 아내The Ashes of Phocion Collected by His Widow」 33
『폭풍취우暴風驟雨』 74
『표민의 기록漂民の記錄』 42
『품화보감』 50
『풍경화론』 125
『풍운』 175

ㅎ

『한야寒夜』 48

『한쪽 팔片腕』 139
『항전문예』 182
『해상기서海上奇書』 149, 150
『해상화열전』 52, 149, 151
『해연海燕』 91
『허구에 관하여』 122
『현대 중국의 문학現代中國の文學』 20
『현대의 중국문학現代の中國文學』 21
『호모 루덴스』 126, 129
『홍등기紅燈記』 158
『홍루몽』 50, 91, 95, 98
『홍루복몽紅樓復夢』 96
「홍루몽 평론」 95
『홍색낭자군紅色娘子軍』 158
『홍암紅岩』 155
『화월흔花月痕』 89, 151
『환우쇄기寰宇瑣記』 149
『회진기會眞記』 67
『훼가시기毀家詩紀』 175
『흔석한담昕夕閒談』 148

구소설 67
9·18 사변 111
국방문학 137
국방문학 논쟁 181
근대문학 21, 67
근대소설 19, 159
근세 19

ㄴ

누우벨(장편) 62
니힐리즘 93

ㄷ

다마시히たましひ 165, 166
당대문학 21
대괴안국大槐安國 117
대중소설 176, 178
도망 노예 171
도원경 118
도플갱어doppelgänger 91
둔황敦煌 36, 131

[기타]

ㄱ

가라고코로漢意 166
개체 발생ontogeny 63
고바나시小咄 102
골계희滑稽戲 101
공비 76
공중 정원 125
교양소설 47

ㄹ

러시아 허무당 53
루거우챠오蘆溝橋 사변 112, 181
루쉰예술학원魯迅藝術學院 71
르포르타주 158
리얼리즘 136, 168
리얼리티 76, 104, 138
린안臨安 42

ㅁ

마니에리즘 22
메타모르포시스metamorphosis 81, 82
무산계급의 현실주의 168
문간사번文簡事繁 61
문번사간文繁事簡 61
문예의 대중화 180
문장하향, 문장입오文章下鄕, 文章入伍 182
문학연구회 169, 172
문학혁명 19
문화개념 22
문화대혁명 75
문화적 영웅 43

ㅂ

박학홍사博學鴻詞 105
베스트셀러 작가 156
변문 36
본사本事 143
뷔튜아국 119
브로브딩내그Brobdingnag 138
빌둥스 로만Bildungs roman 48

ㅅ

사대기서 18
사대소설 18
사소설 170, 173
사실주의 136, 168
사우징沙悟淨 37
사회주의적 현실주의 168
색은학 143

샹그릴라 118
설화 17
세로사회 57
세이킨하星菫派 69
소극적 낭만주의 168
시가 있어 증거하다有詩爲證 145
시니시즘 112
신소설 67
신재자파 172
신흥학 143
신화적 정황 83
심목국深目國 31
쑨우쿵孫悟空 37

ㅇ

아모로트 시 123, 125
앙호접파鴛鴦蝴蝶派 69
앰비밸런스ambivalence 90
야마토 다마시和魂 166
야마토 다마시히やまとたましひ 163, 165
업여작가業餘作家 156
여아국女兒國 109
연의演義 51
연의衍義 51
연환체 46
염주식 연결 45
온토제니ontogeny 73
옵티미즘 87
요나 콤플렉스 40
원앙호접파 72, 152, 180
유토피아 119

198 소설로 보는 중국인의 사고방식

유토피아 섬　119
인민문학　74

ㅈ
자기수양　135
자연주의　136
장섬법　52
재자가인 소설　72
재학소설　56
전기소설　64
죽림칠현　120
중국좌익작가연맹　69
중체서용中體西用　167
지괴소설志怪小說　82
집체(집단) 창작　158

ㅊ
창조사　169
천삽법　52
천삽장섬법穿揷藏閃法　52
첸탕강錢塘江　42
70회본　61

ㅋ
커먼 센스common sense　165
커커우커러可口可樂　161
코카코라コカ・コーラ　161

콩트(단편)　62

ㅌ
타프로바나 섬　119
탐정소설　126
토요일파　152
퇴폐파　172

ㅍ
표류담　42
푸춘장富春江　43
피카레스크소설Novela Picaresca　38
필로제니phylogénie　63, 73

ㅎ
한방칭韓邦慶　52
항일민족통일전선　181
항저우杭州　42
혁명적 현실주의　168
현대문학　21, 67
현실주의現實主義　137, 168
혼새魂才　166
『홍루몽』 논쟁　140, 141
홍미紅迷　95
화혼양재和魂洋才　166
화혼한재和魂漢才　163, 164
후행자猴行者　37